Klasse 2-4

Gabriela Rosenwald

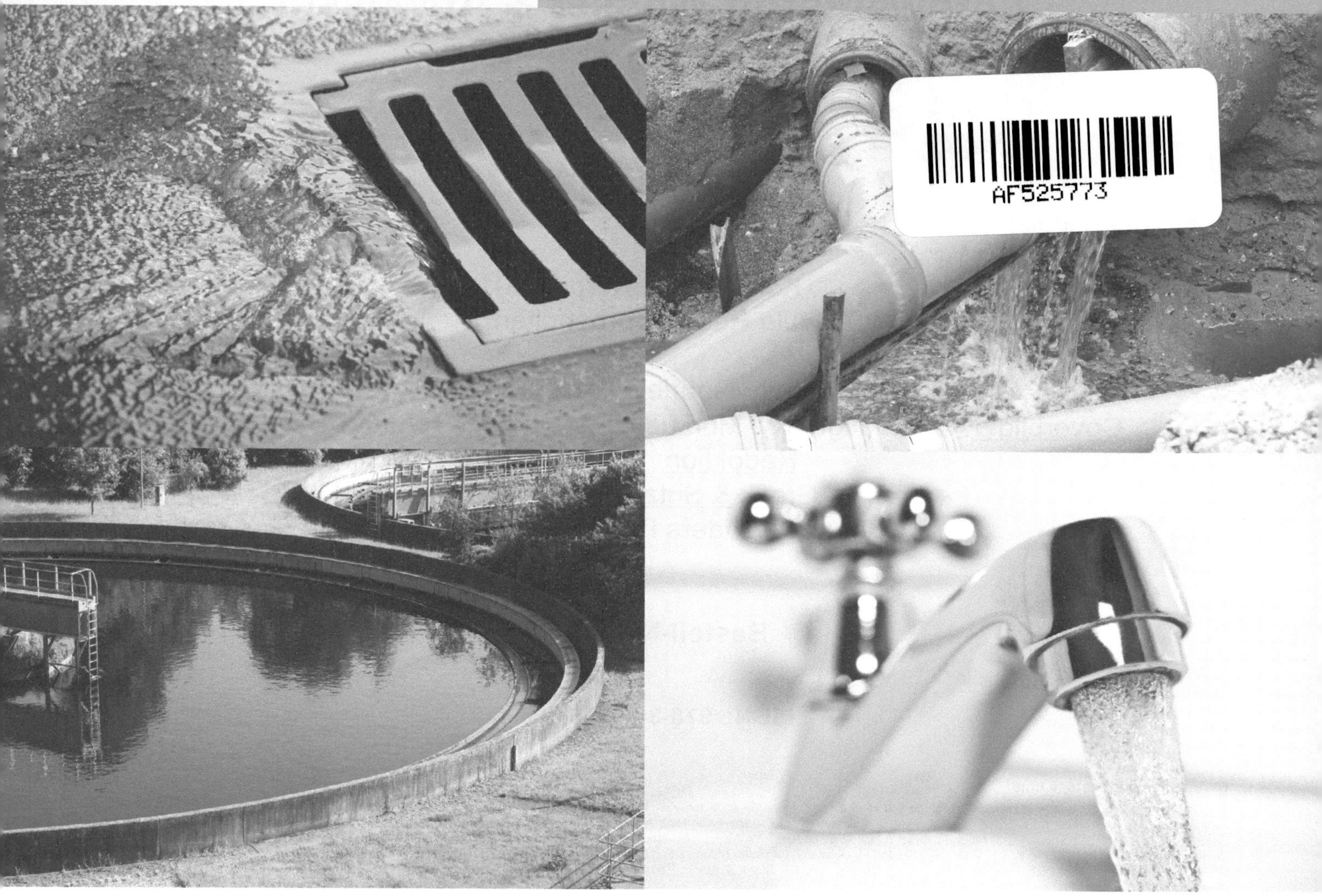

# Lernwerkstatt

## Wasser & Abwasser

### Versorgung und Aufbereitung

**Vom Wasserkreislauf bis zur Kläranlage**

# Lernwerkstatt Wasser & Abwasser

## Versorgung und Aufbereitung

11. Auflage 2025



Inhalt: Gabriela Rosenwald
Coverbilder: © darknightsky, Markus.i, Eisenhans & fefufoto - fotolia.com
Redaktion: Kohl-Verlag
Grafik & Satz: Kohl-Verlag
Druck: elanders Druck, Waiblingen

**Bestell-Nr. 11 634**

**ISBN: 978-3-95686-608-1**

**Bildquellen adobestock.com**

S. 2: © Africa Studio; S. 4: © Angelaravaioli, Tatyana Gladskih; S. 5: © Maria; S. 6: © dorayaki, jokatoons, Delayla, Alexey Bannykh, Deux Rondo, shambala88, marupanda; S. 7: © M. Johannsen; S. 8: © Patrick Poendl, Angelaravaioli, Voy_ager; S. 9: © designsstock, sharpner, He2, Angelaravaioli, Robert Biedermann, Mungg, kameonline, designsstock; S. 10: © Christine Wulf, olyina, alswart; S. 11: © pixdesign123, Matthew Cole; S. 12: © al1center, ILYA AKINSHIN, elnavegante, geografika; S. 13: © dule964, blobbotronic, fotyma; S. 14: © Angelaravaioli; S. 15: © VectorMine; S. 16: © danylyukk; S. 17: © Vidady, 123dartist, ekostsov, fotokalle, Mitarart; S. 18: © Tatyana Gladskih, anis & rove; S. 20: © Kadmy, katrin_timoff; S. 21: © ActiveLines; S. 23: © Barbara Pheby, natalyka, PRILL Mediendesign, n_eri, Coprid, dule964; S. 24: © lagom, ThomBal; S. 25: © Mitarart, Angelaravaioli; S. 26: © elenabsl; S. 27: © Thomas Leiss, Maria; S. 28: © sellingpix, kikkerdirk, Matthew Cole, bzyxx; S. 30: © pixdesign123, ayelet_keshet; S. 31: © ufotopixl10, Colin Cramm; S. 32: © sharonlerman, Maria; S. 33: © Christian STAEBLER, Maria; S. 35: © stockphoto-graf, Two Brains Studios; S. 36: © VEOVEO, MP2, scottchan, lbfotografia, Oleksiy Mark, amateurphoto920, komodoempire, euthymia, Vladimir Kramin, Giuseppe Porzani, rdnzl; S. 37: © stepmar, Paylessimages, Dimitri Surkov; S. 38: © Angelaravaioli, L.Bouvier, Alfonso de Tomás, Marina Lohrbach; S. 39: © Morphart; S. 40: © pixdesign123; S. 41: © Kamiya Ichiro; S. 42: © antiksu, Matthew Cole; S. 43: © virtua73; S. 45: © danylyukk; S. 46: © Matthew Cole, kikkerdirk, lagom, elenabsl; S. 48: © Maria; S. 1-40: © ronnarid; S. 3-48: © iconshow



Kontakt: Kohl-Verlag, An der Brennerei 37-45, 50170 Kerpen
Tel: +49 2275 331610, Mail: info@kohlverlag.de

# Inhalt

KOHL VERLAG Lernwerkstatt WASSER & ABWASSER Versorgung und Aufbereitung – Bestell-Nr. 11 634

# Vorwort

Liebe Kolleginnen und Kollegen,

angesichts der massiven Regenfälle und Überschwemmungen, die weite Teile der Welt (und mittlerweile auch Mitteleuropa) treffen, scheint es unglaublich, dass unser Trinkwasser knapp wird.

Andererseits erfahren wir von Dürren, die ganze Ernten vernichten und von vielen Menschen, die kein oder zu wenig Trinkwasser zur Verfügung haben.

Wie passt das zusammen? Wir drehen den Wasserhahn auf, und das kühle oder warme Nass erscheint. Problemlos (meistens) verschwindet es nach Gebrauch im Abfluss.

Bis dieser Zustand allerdings erreicht wird, erfordert es eine Menge Arbeit. So erfahren die Schüler und Schülerinnen in diesem Heft, wie „Wasser" zu dem „Trinkwasser" wird, was sie täglich nutzen. Sie lernen, wie wichtig es ist, überlegt mit diesem Wasser umzugehen und es zu schätzen. Sie lernen auch, was sie selber als kleines Rädchen im Getriebe tun können um das lebenswichtige Element zu erhalten.

Die Eigenschaften unseres wichtigsten Nahrungsmittels werden ergründet. Versuche, Zeichen- und Malaufgaben werden auch von jüngeren Schülern verstanden und bewältigt.

Jedes Kapitel ist einzeln und nach Ihrer Einschätzung des Lernstandards Ihrer Schüler einsetzbar. Diese Werkstatt ist an Grundschüler gerichtet. Daher sind die Inhalte relativ einfach gestaltet, aber es gibt viele Einstiegsmöglichkeiten, um interessante, wichtige Themen zu erweitern.

Viel Interesse und Erfolg bei diesem sehr wichtigen Thema wünschen Ihnen und Ihren Schülern das Team des Kohl-Verlags und

***Gabriela Rosenwald***

Bedeutung der Symbole:

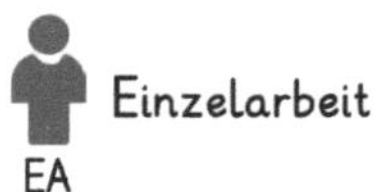

**Arbeiten mit der ganzen Gruppe**

**Schreibe in dein Heft / in deinen Ordner**

# Arbeitspass

Name: ______________________

Klasse: ______________________

| | | | |
|---|---|---|---|
| | | | |
| | | | |
| | | | |
| | | | |
| | | | |
| | | | |
| | | | |
| | | | |
| | | | |
| | | | |
| | | | |
| | | | |
| | | | |
| | | | |
| | | | |
| | | | |
| | | | |
| | | | |
| | | | |
| | | | |
| | | | |
| | | | |
| | | | |
| | | | |
| | | | |
| | | | |
| | | | |
| | | | |
| | | | |
| | | | |

# I. Unser Wasserverbrauch

EA

**Aufgabe 1:** Notiere in ganzen Sätzen, wofür du überall Wasser benutzt. Bestimmt fallen dir auch noch weitere Gelegenheiten ein.

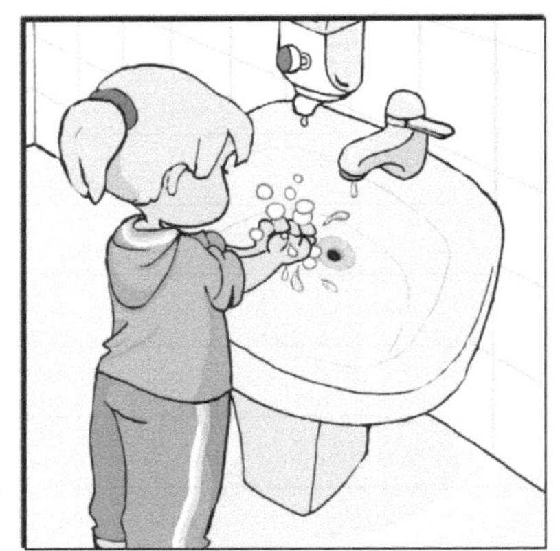

KOHL VERLAG Lernwerkstatt WASSER & ABWASSER Versorgung und Aufbereitung – Bestell-Nr. 11 634

# I. Unser Wasserverbrauch

## Wie viel Wasser wofür? Wo kann ich sparen?

Jeder Bundesbürger verbraucht am Tag im Durchschnitt etwa 130 Liter Wasser. Dabei wird das Wasser eigentlich nicht verbraucht, sondern nur gebraucht. Es landet im Abfluss und kommt in die Kläranlage, wo es gereinigt wird. Dann steht es erneut zum Gebrauch bereit.

**Aufgabe 2:** *Zu diesem Text findest du hier ein paar Zahlen. Für jedes % steht ein Kästchen. Male die richtige Anzahl Kästchen mit verschiedenen Farben an!*

| Duschen und Baden | 38 % |
|---|---|
| Toilette | 33 % |
| Waschmachine | 12 % |
| Geschirr spülen | 6 % |
| Trinken und Kochen | 2 % |
| Sonstiges | 9 % |

**Aufgabe 3:** *Trinkwasser ist auf der Erde ein knappes Gut und sehr wertvoll. Weil die Vorräte an Grundwasser begrenzt sind und die Aufbereitung von Flusswasser sehr teuer ist, haben wir angefangen, Trinkwasser zu sparen und Regenwasser zu nutzen. Setze in den Lückentext ein, wo du Wasser sparen kannst.*

Wasser – Spartaste – Duschen – Waschmaschine – Becher –
Zähneputzen – Regenwasser – Wasserhahn – Baden

Ich drehe den ______________________ richtig zu. Wenn er trotzdem tropft, sage ich einem Erwachsenen Bescheid.

Beim ______________________ fülle ich Wasser in einen ______________________, um meinen Mund zu spülen. Ich lasse nicht die ganze Zeit das ______________________ laufen.

Beim ______________________ verbrauche ich viel weniger Wasser als beim ______________________.

Ich benutze bei „Pipi" die ______________________ am WC.

Ich lüfte getragene Hosen und Pullis. Die ______________________ muss dann weniger oft laufen.

Ich gieße die Pflanzen auf dem Balkon und im Garten mit ______________________ aus der Tonne.

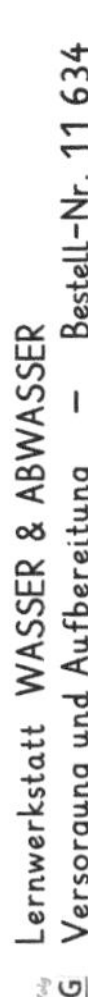

# I. Unser Wasserverbrauch

## Trinkwasser in anderen Ländern

**Trinkwasser in der Welt**

Zurzeit leben etwa 7 Milliarden Menschen auf der Welt. Fast 770 Millionen haben kein sauberes Trinkwasser, was Krankheiten, Seuchen und Todesfälle zur Folge hat. Täglich sterben weltweit tausende Kinder, weil ihnen sauberes Wasser fehlt.
Etwa 2,6 Milliarden Menschen leben ohne die wichtigsten sanitären Einrichtungen wie Dusche und Toilette. Dabei gilt der Zugang zu sauberem Trinkwasser als Menschenrecht. Eigentlich reichen die Wasservorkommen auf der Erde aus, um alle Menschen mit ausreichend Trinkwasser zu versorgen. Wasser ist aber nicht nur ein wichtiger Bestandteil unserer Nahrung, sondern dient auch der Reinigung, Bewässerung und Herstellung von Waren. Warum gibt es nicht genügend Wasser für alle auf der Welt und weshalb ist die Verteilung so ungerecht?

Es wird behauptet, dass der weltweite Wassermangel nur zum geringen Teil auf Hitze und Trockenheit des Klimas beruht und zum größten Teil von den Menschen selbst verursacht würde. In den reichen Industriestaaten steht Wasser im Überfluss zur Verfügung. Allein im Haushalt werden pro Person und Tag in Industrieländern wie Deutschland, England, den USA oder Kanada bis zu mehreren hundert Liter Wasser verbraucht.
In den ärmeren „Schwellen-„ und „Entwicklungsländern" steht den Menschen sehr wenig Wasser zur Verfügung. Trotzdem verbraucht die Landwirtschaft dort riesige Mengen Wasser. Durch veraltete oder schlechte Bewässerungsanlagen versickern oder verdunsten große Mengen Wasser einfach ungenutzt.

PA

**Aufgabe 4:** *Schaut auf eine Weltkarte und vergleicht mit der Karte oben. Welcher Kontinent leidet besonders unter Wassermangel?*

PA

**Aufgabe 5:** *Notiert die Zahlen aus dem Text mit allen Nullen: 7 Milliarden, 770 Millionen, 2,6 Milliarden.*

GA

**Aufgabe 6:** *Was sind „Schwellen- und Entwicklungsländer"?*

Lernwerkstatt WASSER & ABWASSER
Versorgung und Aufbereitung – Bestell-Nr. 11 634

# I. Unser Wasserverbrauch

## Trinkwasser in anderen Ländern

Jonas wohnt in Deutschland. Er muss zuhause nur den Wasserkran aufdrehen und hat immer frisches Trinkwasser. In Afrika, im Norden des Sudans, lebt Fahim. Dort haben die Häuser keinen Wasseranschluss. Wasser holt Fahim jeden zweiten Tag mit zwei 5 l-Kanistern aus einem 3 km entfernten Brunnen in einem anderen Dorf, weil der Brunnen in seinem Dorf ausgetrocknet ist. Manchmal ist das Wasser schmutzig und riecht schlecht. Dann kann es vorkommen, dass die kleinen Kinder in seinem Dorf Magenschmerzen und Durchfall bekommen.

EA

**Aufgabe 7:**

*Jonas verbraucht etwa 100 l Wasser am Tag, das sind 20 Kanister mit 5 Litern. Notiere, in deinem Heft, wofür er es nutzt:*

EA

**Aufgabe 8:**

a) Wie viel Liter Wasser verbraucht Fahim pro Tag? Male die Kanister an.

b) Wofür braucht er wohl das Wasser? Notiere in deinem Heft.

c) Wie viele Tage würde Fahim mit dem Wasser, das Jonas am Tag verbraucht, auskommen? Notiere in deinem Heft/Ordner.

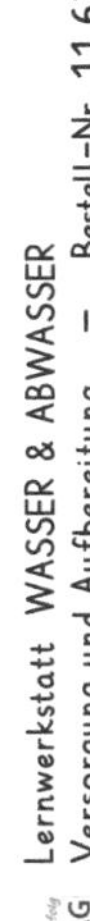

# II. Wasser ist lebenswichtig

Wasser ist der Rohstoff des Lebens: Jeder Organismus besteht zu einem gewissen Teil aus Wasser, und er braucht Wasser zum Überleben. Du bestehst zu rund zwei Dritteln aus Wasser. Allerdings ändert sich der Wassergehalt mit dem Alter: Während bei einem Baby 70 bis 80 % des Körpergewichts aus Wasser bestehen, sinkt der Anteil im Lauf des Lebens immer weiter ab.

Du gibst Wasser ab, wenn du schwitzt oder auf die Toilette gehst. Selbst beim Ausatmen verlierst du Wasser. Über Essen und Trinken nimmst du das lebenswichtige Element wieder auf. Um gesund zu bleiben, brauchst du täglich etwa 2 Liter Flüssigkeit. An heißen Tagen oder beim Sport kann dein Körper auch einiges mehr verlangen. Wenn du durstig bist, zeigt dir dein Körper, dass er Flüssigkeit braucht. Gut ist es, wenn du es gar nicht erst so weit kommen lässt. Du kannst über den Tag Säfte, Schorle, Tee, Limonaden oder einfach nur Wasser trinken. Und selbst bei Wasser hast du eine große Auswahl: Mineralwasser mit oder ohne Kohlensäure, mit Apfel- oder Kirschgeschmack, wie du es magst. Wasser aus dem Wasserhahn hat in Deutschland eine gute Qualität und ist ein prima Durstlöscher.

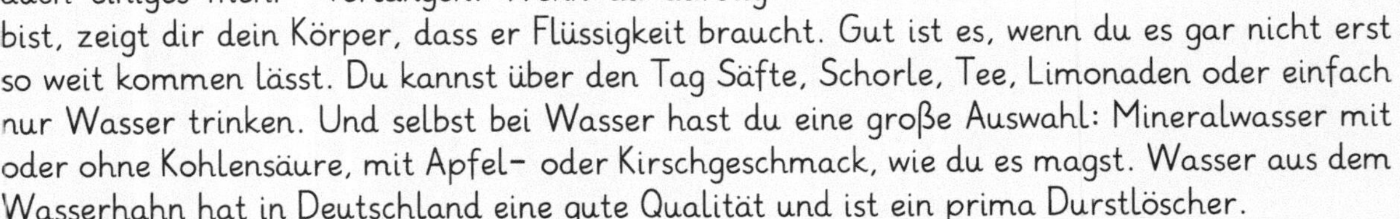

Auch beim Essen nimmt dein Körper Wasser auf: Äpfel, Gurken und Tomaten bestehen zum größten Teil aus Wasser. Und wenn du schon mal Nudeln gekocht hast, ist dir vielleicht aufgefallen, dass die nach dem Kochen dicker sind als davor. Sie haben das Wasser, in dem sie gekocht wurden, teilweise aufgenommen. Also nimmst du auch Wasser auf, wenn du Nudeln isst. Die Tomatensauce enthält natürlich auch noch Wasser.

**Versuch: Wasser ist Leben**

Nimm eine Untertasse oder kleine Schüssel, lege etwas Watte hinein und befeuchte sie vorsichtig. Dann legst du einige trockene Bohnen oder Weizenkörner auf die Watte.
Du wartest etwa 3 Tage. Wenn die Watte zu trocken wird, befeuchtest du sie zwischendurch noch einmal vorsichtig. Den gleichen Versuch machst du in einem Schälchen ohne Wasser. Notiere deine Beobachtungen.

**Aufgabe 1:** *Findet Lebensmittel wie Gurken und Tomaten, die viel Wasser enthalten.*

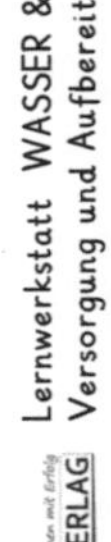


Lernwerkstatt WASSER & ABWASSER
Versorgung und Aufbereitung – Bestell-Nr. 11 634

# Stoffe im Trinkwasser, die für uns wichtig sind

**Diese Stoffe sind im Trinkwasser – und wichtig für uns**

Jeden Tag sollen wir 1,5 – 2 Liter Trinkwasser trinken. Das ist wichtig für den Körper. Dabei geht es nicht nur darum, dem Körper genügend Flüssigkeit zuzuführen. Trinkwasser enthält wichtige Stoffe für unseren Körper. Viele bedeutende Mineralien und Spurenelemente nimmt der Mensch über das Trinkwasser aus der Leitung oder durch Mineralwasser aus der Flasche zu sich.

Wasser ist das wichtigste Nahrungsmittel für Menschen, Tiere und Pflanzen. Wie wichtig jeder dieser Inhaltsstoffe für den menschlichen Organismus auch ist – zu viel davon ist auch nicht gesund. Darum wird Trinkwasser streng kontrolliert und die Einhaltung der Grenzwerte überprüft.

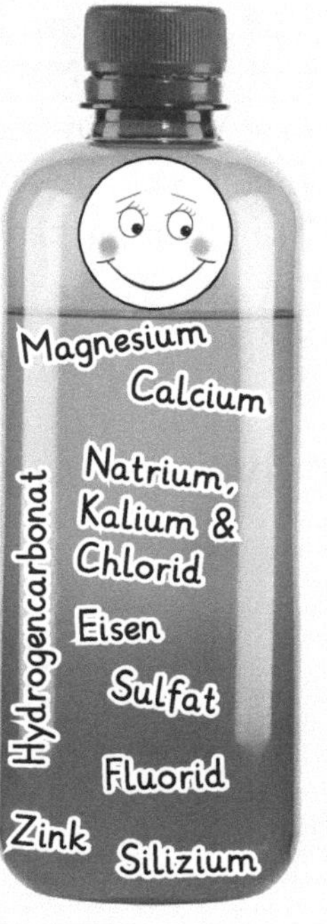

EA

**Aufgabe 2:** *Ordne die Inhaltsstoffe des Wassers (Mineralstoffe und Spurenelemente) ihrer Wirkung im Körper zu. Dazu kannst du die Begriffe aus der Wasserflasche unten eintragen.*

C ____________________ ist wichtig für den Knochenbau, die Muskeln und starke Zähne. Es ist auch reichlich in Milchprodukten enthalten. S _______________ ist besonders wichtig für Haut und Haare. Außerdem fördert es die Darmtätigkeit. N _______________, K __________________ und C ____________________ regulieren den Flüssigkeitshaushalt im Körper. M ________________ ist ein wichtiger Baustein für die Nerven und Muskeln. Er ist besonders wichtig für Sportler. Nimmt man zu wenig davon zu sich, kann sich das z. B. in häufigen Wadenkrämpfen äußern. F ____________________ ist besonders wichtig für Kinder, denn es stärkt im Wachstum Knochen und Zähne und festigt das Bindegewebe. Die meisten Zahncremes enthalten es. Z ___________ stärkt die Abwehrkräfte des Körpers und wirkt außerdem entzündungshemmend. So findet man es auch in Wund- und Heilsalben. H ________________________________ sorgt für ein ausgeglichenes Säure-Basen-Verhältnis und wirkt in größerer Menge gegen Sodbrennen. E_______________ braucht der Körper für die Blutbildung und die Sauerstoffaufnahme im Blut. S _____________________ ist für ein starkes Skelett unentbehrlich. Auch trägt dieser Stoff zur Festigung des Bindegewebes bei.

Lernwerkstatt WASSER & ABWASSER Versorgung und Aufbereitung – Bestell-Nr. 11 634

KOHL VERLAG

# III. Eigenschaften des Wassers

## Süßwasser und Salzwasser

Von der riesigen Menge Wasser auf unserer Erde sind etwa 97 % Salzwasser und für den Menschen ungenießbar. Vom restlichen Süßwasser sind wiederum drei Viertel in Gletschern und Eisbergen untergebracht. Das restliche Süßwasser findet sich in Flüssen, Seen oder im Grundwasser. Diese Menge können wir Menschen nutzen.

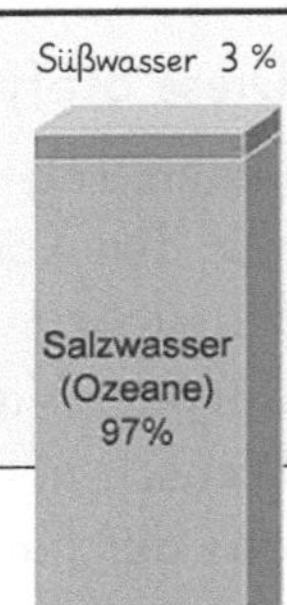

PA

**Versuch: Vergleich von Salzwasser und Süßwasser.**

Füllt einen Messbecher mit einem halben Liter Leitungswasser. Dann gebt 2 Esslöffel Salz in das Wasser und rührt gut um. Das ist etwa der Salzgehalt von Meerwasser. Probiert das Salzwasser ganz vorsichtig, aber nicht herunterschlucken! Füllt dann ein Glas mit Leitungswasser und trinkt einen Schluck.
Vergleicht den Geschmack von Salzwasser und von Süßwasser.

**Wasser kann sich verwandeln**

Wasser ist eine Verbindung aus Wasserstoff und Sauerstoff. Es ist die einzige Verbindung auf der Erde, die in der Natur fest, flüssig und als Gas vorkommt. Es kann ...

... **fest** sein (Eis),
... **flüssig** sein (Wasser) oder
... **gasförmig** sein (Wasserdampf).

Wenn man Wasser erhitzt und es eine Temperatur von 100 Grad Celsius erreicht, verdampft das Wasser. Es wird gasförmig.

Kühlt der Wasserdampf anschließend ab, wird das Wasser wieder flüssig. Das kannst du sehen, wenn du vorsichtig einen Deckel über den heißen Topf hältst. Auf dem Deckel haben sich innen kleine Wassertropfen gebildet. Das Wasser ist wieder flüssig geworden, es ist **kondensiert**.

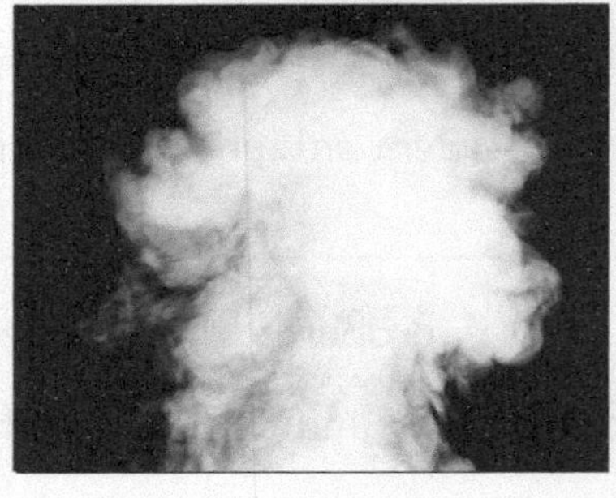

Aber auch bei Temperaturen unter 100 Grad kann Wasser vom flüssigen in den gasförmigen Zustand übergehen. Das Wasser **verdunstet**. Das kannst du sehen, wenn eine Pfütze auf der Straße langsam verschwindet. Wasser verdunstet am schnellsten, wenn es warm ist und ein Wind weht.

Lernwerkstatt WASSER & ABWASSER
Versorgung und Aufbereitung – Bestell-Nr. 11 634
KOHL VERLAG

# III. Eigenschaften des Wassers

## Aggregatzustände des Wassers – Wasserhärte

**Die Härte des Wassers**

Sicher hast du schon einmal gehört: „Unser Wasser ist so hart." Die Härte des Wassers hängt vom Gehalt an Calcium- und Magnesiumsalzen ab. Je höher der Gehalt ist, desto härter ist das Wasser.

Diese Salze sind der Grund dafür, dass Wäsche nach dem Waschen hart wird - wenn die Wäsche nicht im elektrischen Trockner war. Die Mineralien kristallisieren beim Trocknen der Wäsche aus. Stoffe, die die Härte herauslösen, nennt man Weichspüler. Der billigste Weichspüler ist Essig, da er Kalk zersetzt. Je weicher das Wasser, desto weniger Wasserenthärter und Waschmittel sind bei der Wäsche nötig.

Die Maßeinheit der Wasserhärte in Deutschland ist der deutsche Härtegrad. Dieser wird in drei Stufen eingeteilt:

**Härtegrad 1: weich, Härtegrad 2: mittel, Härtegrad 3: hart.**

PA

**Versuch: zum Härtegrad**

Legt ein Geschirrtuch statt in Leitungswasser in einen Topf mit stark kalkhaltigem Sprudel. Dann nehmt das Tuch heraus und trocknet es, ohne abzuspülen.
Um den Effekt der Wasserhärte zu verdeutlichen, könnt ihr auch nach dem Trocknen das Tuch noch einmal in Sprudel geben und ein zweites Mal trocknen. Dann faltet ihr das Tuch in der Mitte. Die eine Hälfte bleibt unverändert ohne weitere Behandlung. Die zweite Hälfte wird in einer Lösung von Haushaltsessig behandelt, gespült und getrocknet. Vergleicht die Proben.

PA

**Versuch: zur Verdunstung**

**Ihr braucht:**

- 3 gleiche Gläser oder durchsichtige Joghurtbecher
- einen Filzstift
- Wasser
- einen Deckel für ein Glas (evtl. Alu-Folie)

**So geht es:**

- Füllt gleich viel Wasser in drei Gläser.
- Markiert den Wasserstand mit einem Filzstift.
- Stellt ein Glas an einen warmen Ort (Heizung, auf die Fensterbank in die Sonne . ).
- Stellt das zweite Glas in den Kühlschrank.
- Das dritte Glas wird verschlossen und findet neben dem ersten Platz.

Nach drei Tagen wird der Wasserstand kontrolliert. Was lässt sich feststellen?

KOHL VERLAG
Lernwerkstatt WASSER & ABWASSER
Versorgung und Aufbereitung – Bestell-Nr. 11 634

# III. Eigenschaften des Wassers

EA

**Aufgabe 1:**

*Beantworte die folgenden Fragen in ganzen Sätzen. Schreibe in dein Heft.*

a) In welchem Zustand kommt Süßwasser auf der Erde am häufigsten vor?

b) In welchen Formen ist dir Wasser noch begegnet?

c) Wann verändert Wasser seinen Zustand?

d) Beschreibe den Unterschied zwischen Verdunsten und Kondensieren.

e) Das Süßwasser auf der Erde wird nie weniger, obwohl alle Flüsse ins salzige Meer fließen. Wie kann das sein? Erkläre.

EA

**Aufgabe 2:**

*Finde 17 Begriffe im Buchstabengitter, die zum Wasser gehören.*

| D | O | U | E | G | L | E | T | S | C | H | E | R | O | V |
|---|---|---|---|---|---|---|---|---|---|---|---|---|---|---|
| S | R | K | O | N | D | E | N | S | I | E | R | E | N | E |
| A | F | I | K | L | A | M | U | P | F | I | L | T | E | R |
| L | E | I | T | U | N | G | S | W | A | S | S | E | R | D |
| Z | E | V | E | R | T | E | I | A | H | B | A | H | A | U |
| W | T | H | N | K | O | P | S | S | R | E | M | A | G | N |
| A | F | S | A | B | N | I | E | S | I | R | O | P | U | S |
| S | Ü | S | S | W | A | S | S | E | R | G | D | R | E | T |
| S | E | E | L | A | N | G | E | R | G | E | I | K | N | E |
| E | R | E | I | K | V | E | R | D | A | M | P | F | E | N |
| R | T | E | R | R | I | E | S | A | P | Y | X | L | B | R |
| B | E | D | U | R | S | T | E | M | E | E | R | A | E | E |
| O | L | L | O | P | T | R | O | P | F | E | N | A | L | H |
| A | B | A | D | E | N | E | I | F | L | U | S | S | T | O |

EA

**Aufgabe 3:**

*Fast alle Stoffe ziehen sich bei Frost zusammen, das heißt, sie werden kleiner und benötigen weniger Raum. Wasser dagegen dehnt sich aus, wenn es friert. Man spricht auch von der Anomalie des Wassers. Was geschieht mit einer Flasche Wasser, wenn du sie ins Tiefkühlfach legst? Teste es mit einer Plastikflasche!*

Lernwerkstatt WASSER & ABWASSER
Versorgung und Aufbereitung – Bestell-Nr. 11 634

# IV. Der Wasserkreislauf

Wenn man vom Weltall aus auf die Erde schauen würde, sähe sie blau aus. Das liegt am Wasser, vom dem drei Viertel der Erde bedeckt sind. Aus der Ferne betrachtet sieht das Wasser blau aus.
Schätzungsweise 1,4 Trillionen Liter Wasser gibt es auf der Erde – eine Trillion ist eine Eins mit 21 Nullen! 97 Prozent des vorhandenen Wassers sind allerdings Salzwasser und damit für den Menschen ungenießbar. Vom restlichen Süßwasser stecken wiederum rund drei Viertel in Gletschern und Eisdecken fest. Die übrigen Süßwasservorräte befinden sich in Flüssen, Seen oder im Grundwasser. Dieses Wasser können wir Menschen nutzen.

Das Wasser der Erde ist laufend auf Reisen:

- Der Wasserkreislauf beginnt mit der Wärme der Sonne. Sie lässt Wasser in Seen, Flüssen und vor allem in den Meeren verdunsten. So wird das Wasser zu Wasserdampf. Dabei verliert es seinen Salzanteil.
- Der Wasserdampf besteht aus vielen kleinen Tropfen, die nach oben steigen, sich ab kühlen und Wolken bilden.
- Wenn die Wolken zu schwer werden, regnet es. Der Wasserdampf wird wieder flüssig. Der Regen versickert im Boden, nährt dadurch Pflanzen und bildet unser Grundwasser. Er füllt aber auch Flüsse, die wieder irgendwann ins Meer münden.
- Hier sorgt die Sonne erneut dafür, dass der Wasserkreislauf in Bewegung bleibt.

EA

**Aufgabe 1:** *In den Meeren befindet sich Salzwasser, haben wir festgestellt. Die Sonne lässt Wasserdampf auf steigen. Doch der Regen, der auf die Erde fällt, ist nicht salzig. Wie kommt das? Forsche nach.*

KOHL VERLAG Lernwerkstatt WASSER & ABWASSER Versorgung und Aufbereitung – Bestell-Nr. 11 634

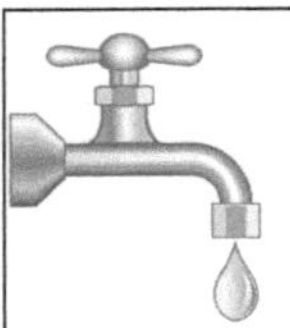

# IV. Der Wasserkreislauf

EA

**Aufgabe 2:** Gehe mit Tropf und Tröpfchen, den kleinen Wassertropfen, auf ihre lange Reise. Beginne mit der ersten Station. Trage die Nummer der Station in die Zeichnung ein.

EA

**Aufgabe 3:** Schneide die Kärtchen links aus. Vervollständige das Bild mit dem Wasserkreislauf.

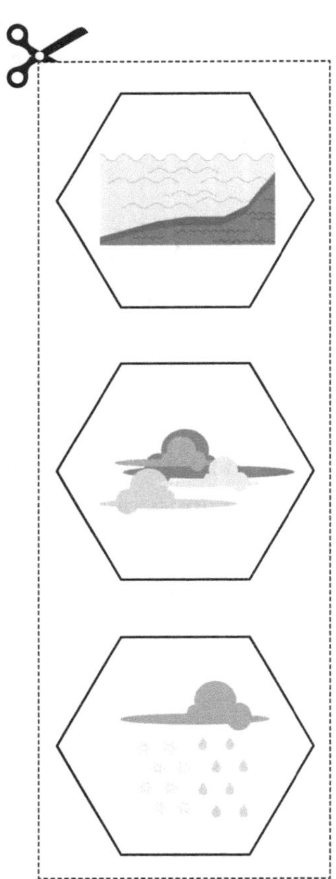

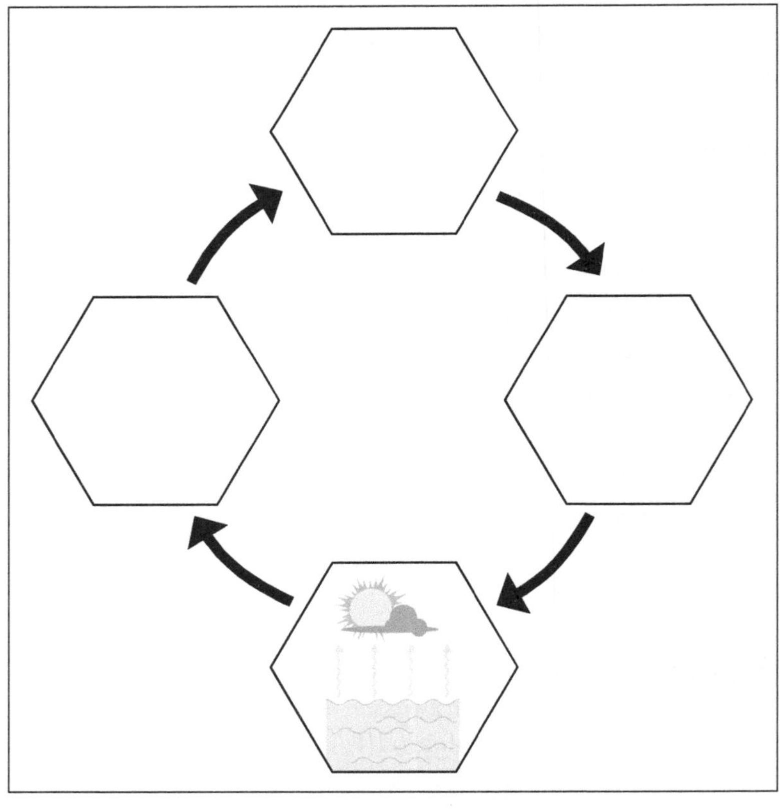

Lernwerkstatt WASSER & ABWASSER Versorgung und Aufbereitung – Bestell-Nr. 11 634
KOHL VERLAG

# IV. Der Wasserkreislauf

PA

**Versuch: Wasserkreislauf in einer kleinen Welt**

**Ihr braucht:**

- 1 kleines Glas mit Deckel und großer Öffnung (z. B. Gurken- oder Marmeladenglas)
- 1 Rolle Knetgummi
- etwas Erde, Sand, Steinchen und Moos
- Wasser

**So geht es:**

- Nehmt ein paar Steinchen, etwas Sand und Erde und drückt eine Schicht von einem halben bis einem Zentimeter Dicke auf die Innenseite des Deckels.
- Setzt das Moos mit Wurzelschicht auf die Erdschicht.
- Tropft etwas Wasser über das Moos.
- Formt den Knetgummi zur Schlange und passt es in den Deckelrand ein.
- Stellt das Glas wie eine Käseglocke über den Deckel und dreht den Verschluss zu.
- Nun könnt ihr euren Mini-Planeten innen an ein Fenster (nicht zu warm und sonnig) oder draußen an einen geschützten Platz stellen. Lasst das Glas geschlossen und beobachtet euren Planeten in den nächsten Wochen.

**Tipp:**

Bevor ihr den Deckelrand mit Knetgummi verklebt, beobachtet euren geschlossenen Miniplaneten erst 1–2 Tage. Wenn das Glas tagsüber etwa zur Hälfte klar und zur Hälfte beschlagen ist, stimmt die Wassermenge in der kleinen Welt und ihr könnt das Glas fest verschließen. Ist es zu sehr beschlagen, entfernt ihr ein wenig Wasser; ist es zu wenig beschlagen, gebt ihr etwas Wasser hinzu.

Außer dem Moos leben in deiner Welt auch Tausende bis Millionen von Bakterien, Pilzen und Algen, dazu einige Fadenwürmer. Sie können deine kleine Welt jahrelang erhalten.

**Beobachtet:**

1. Was passiert am Glas?
2. Was macht das Moos?

**Denkt nach:**

3. Braucht deine Welt Wasser von außen?

# V. Woher kommt unsere Trinkwasser?

Morgens beim Zähneputzen und zum Duschen drehen wir einfach den Wasserhahn auf, und schon sprudelt sauberes Wasser heraus. Warm oder kalt, ganz wie wir es wollen. Aber nicht nur zum Waschen, sondern auch als Lebensmittel ist sauberes Wasser notwendig.

In unseren Bächen, Flüssen und Seen sammelt sich ein großer Teil des Wassers, das als Regen, Schnee, Hagel oder Nebel vom Himmel fällt. Ein anderer Teil des Niederschlages verdunstet gleich wieder, der verbleibende Rest versickert im Boden und wird zu Grundwasser.

**Merke:**

1 / 3 des Niederschlages versickert und wird zu Grundwasser

1 / 3 verdunstet

1 / 3 sammelt sich an der Erdoberfläche und bildet das Oberflächenwasser.

Trinkwasser wird meist aus Grundwasser, Brunnen oder direkt aus Quellen gewonnen. Auch Wasser aus Seen, Talsperren oder Flüssen wird verwendet. Trinkwasser muss in Deutschland gemäß der Trinkwasserverordnung folgende Anforderungen erfüllen. So soll es ein:

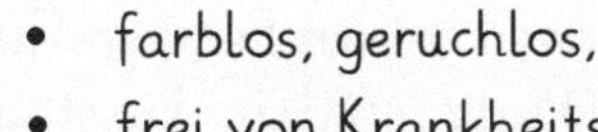

- farblos, geruchlos,
- frei von Krankheitserregern,
- mit einem Mineralstoff-Gehalt in bestimmter Menge,

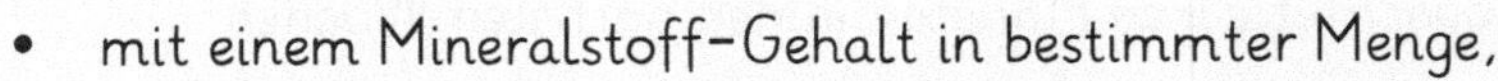

- geschmacklich neutral und kühl,
- nicht gesundheitsschädigend.

Unser Trinkwasser in Deutschland stammt zu etwa 2 / 3 aus Grundwasser, fast 1 / 3 besteht aus Oberflächenwasser und der Rest ist Quellwasser. In einem Fluss oder See sieht das Wasser oft sauber aus, aber oft kann in dem Wasser kein Lebewesen überleben, weil das Wasser so verunreinigt ist. Wasserverschmutzung ist oft von außen nicht zu erkennen.

Warum das so ist, kann man mit einem **Versuch** gut erklären:

**Ihr braucht:**

Lebensmittelfarbe, eine große Glasflasche, eine Kanne Wasser, 1 Tasse

**So geht es:**

Zuerst schüttet ihr ½ Tasse Wasser in die Glasflasche. Dann gebt 2 kleine Tropfen Farbe dazu und schüttelt die Flasche kräftig. Nun schüttet ihr immer etwa ½ Tasse Wasser nach und mischt wieder. Das macht ihr, bis der Farbstoff nicht mehr sichtbar ist. Die kleinen Farbteilchen sind in der großen Menge Wasser weit auseinander geschwommen. Deshalb kann man sie nicht mehr sehen. Trotzdem sind sie noch da. Für alle anderen sieht das Wasser jetzt sauber aus. Das ist in einem Fluss oder See genauso. Die giftigen Stoffe verteilen sich, sie sind „unsichtbar", aber trotzdem noch im Wasser enthalten.

KOHL VERLAG Lernwerkstatt WASSER & ABWASSER Versorgung und Aufbereitung – Bestell-Nr. 11 634

# V. Woher kommt unsere Trinkwasser?

## Die Talsperre – Stausee

Talsperren speichern Wasser, um die Versorgung mit Trink- und Brauchwasser auch in trockenen Zeiten zu sichern. Wichtig ist auch der Hochwasserschutz. In fast allen Talsperren wird ständig Raum freigehalten, um Hochwasserzuflüsse aufnehmen zu können.

Die Talsperren schützen Orte unterhalb der Talsperre dann vor Überflutungen. Regnet es im Sommer aber weniger, kann Wasser abgelassen werden, sodass die tieferen Gewässer nicht austrocknen. Viele Talsperren dienen auch zur Erzeugung von Energie (Strom).

1. **Staudämme oder massive Staumauern** sperren den Flusslauf ab.
2. Vom Einlauf fließt das Wasser in die **Grundablassleitung**. Hier wird reguliert, wie viel Wasser an den natürlichen Fluss abgegeben wird. Der Stauraum einer Talsperre wird in drei Bereiche unterteilt:
3. Der **Reserveraum** ist der Mindeststauinhalt, der eine gute Wasserqualität sicherstellt.
4. Aus dem **Betriebsraum** wird das Wasser entnommen, das in den Wasserwerken zu Trinkwasser aufbereitet wird.
5. Der **Hochwasserrückhalteraum** wird stets freigehalten, damit die Talsperre bei Hochwasser zusätzliches Wasser aufnehmen kann. Übersteigt das Wasser bei einem Hochwasser den Stauraum, wird es in den Fluss abgeleitet.
6. Im Inneren der meisten Staumauern befinden sich **Kontrollgänge**. So gelangen die Techniker zu den verschiedenen Überwachungsstationen.
7. Das Wasser für die Trinkwassergewinnung entnimmt man über sogenannte **Entnahmetürme**. Durch Rohre wird das Wasser zum **Wasserwerk** geleitet.

EA

**Aufgabe 1:** *Hier siehst du eine einfache Darstellung einer Talsperre. Male sie mit verschiedenen Farben aus:*

Staumauer – grau
Grundablassleitung – blau
Reserveraum – rot
Betriebsraum – grün
Hochwasserrückhalteraum – orange
Kontrollgänge – türkis
Entnahmetürme – braun
Wasserwerk – lila

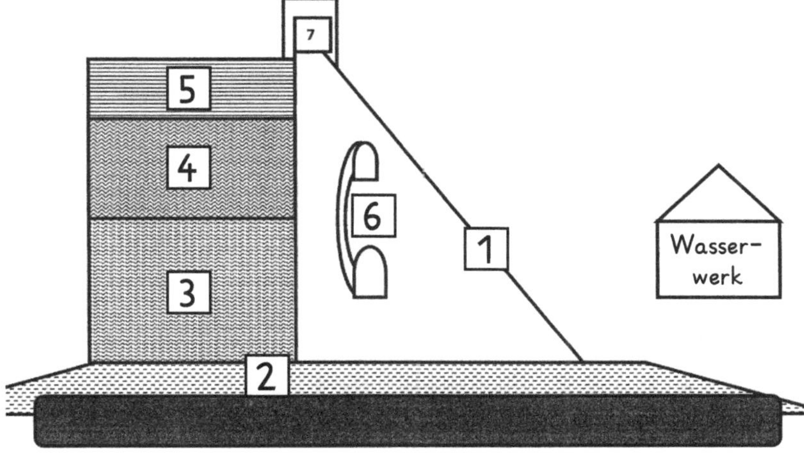


Lernwerkstatt WASSER & ABWASSER Versorgung und Aufbereitung – Bestell-Nr. 11 634
KOHL VERLAG

# V. Woher kommt unsere Trinkwasser?

## Das Wasserwerk

**Wie wird Grundwasser zu Trinkwasser? – Das Wasserwerk**

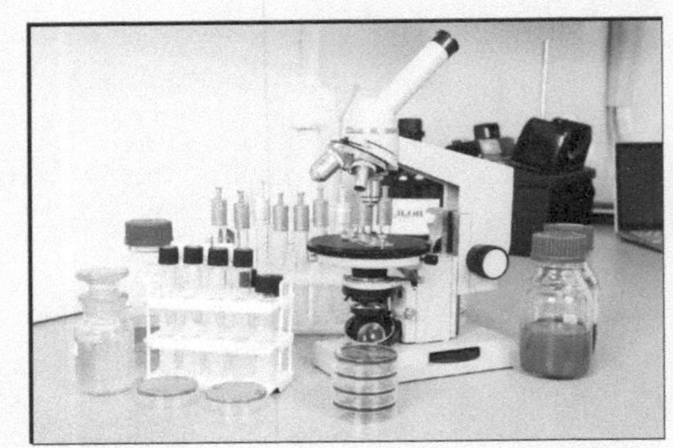

Nach seinem Weg von oben als Regenwasser rinnt das Wasser durch verschiedene Gesteinsschichten nach unten in das Grundwasser. Nun enthält das Wasser meist natürliche Teilchen aus dem Erdreich, die es verfärbt haben und nicht so gut schmecken lassen. Kalk, Kohlensäure oder Eisen gehören zu diesen Stoffen, die im Wasserwerk entfernt werden.
Damit auch keine Stoffe oder Bakterien darin sind, die uns krankmachen können, wird das Wasser in einem Labor ganz genau untersucht. Auf der Liste der Leute, die im Labor arbeiten, stehen über 100 Inhaltsstoffe, nach denen sie suchen. Damit ist unser Wasser das am besten untersuchte Lebensmittel.

Das Wasserwerk ist für die Aufbereitung und Bereitstellung von Trinkwasser zuständig. Dort stehen große Filter, Pumpen und Wasserbehälter. Es gibt Armaturen und Schalträume, wo die Verteilung des Wassers gesteuert und überwacht wird.

- Zunächst geht es in die Wasseraufbereitung: Durch eine starke Sauerstoffzufuhr in einem großen Becken wird die Kohlensäure heraus geblubbert. Ungefähr, als ob du mit einem Strohhalm in ein Glas Sprudel pustest. Dabei flockt auch das Eisen aus und wird auf dem Wasser sichtbar.
- Deswegen wird das Wasser durch einen mehrere Schichten dicken Filter geleitet, in dem die Flocken und andere Teilchen zurückbleiben.
- Manchmal wird das Wasser noch desinfiziert. Chlor soll die Krankheitserreger abtöten, die vielleicht noch vorhanden sind.
- Danach läuft das klare Trinkwasser in ein großes Becken, das gut verschlossen ist, damit das Wasser sauber bleibt.
- Hieraus werden noch Proben genommen und im Labor kontrolliert, ob das Wasser völlig in Ordnung ist.
- Nun wird es über große Pumpen in dicke Leitungsrohre gepumpt und fließt in die Städte und Dörfer.

EA

**Aufgabe 2:** *Nennt die 6 Stationen im Wasserwerk in Stichpunkten:*

| 1 | | 2 | | 3 | |
|---|---|---|---|---|---|
| 4 | | 5 | | 6 | |

Lernwerkstatt WASSER & ABWASSER Versorgung und Aufbereitung – Bestell-Nr. 11 634

EA

**Aufgabe 3:** *Lies den Weg des Wassers im Wasserwerk noch mal genau durch. Zeichne dann hier die fehlenden Rohre ein und male den Lauf des Wassers vom Rohwasser zum Trinkwasser rot ein.*

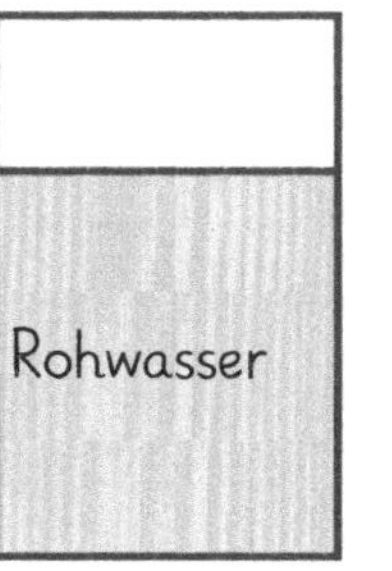


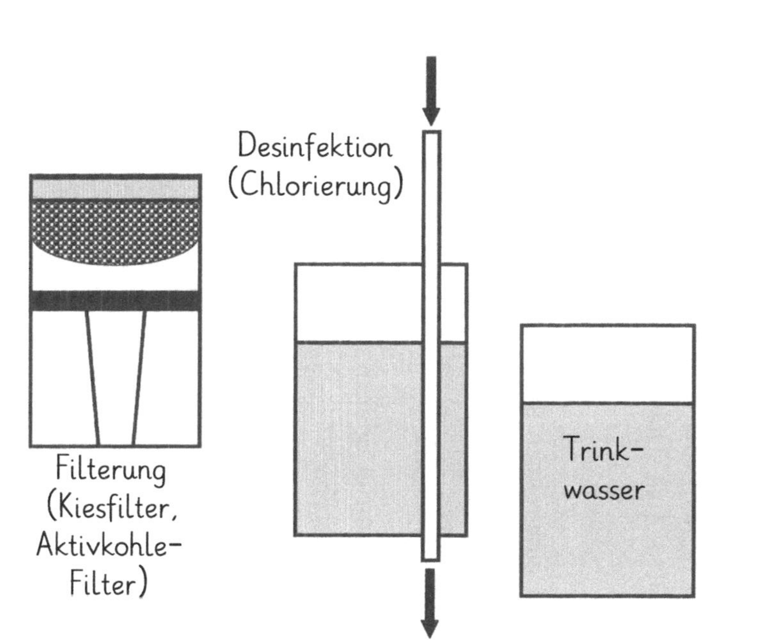

# V. Woher kommt unser Trinkwasser?

PA

## 1. Versuch: Wasser reinigen

Auf dem Gartenweg steht eine riesige, schmutzige Pfütze. Am nächsten Tag ist sie verschwunden. Was geschieht mit dem Wasser? Ein Teil verdunstet, ein Teil versickert im Boden. Es fließt durch Erde, Sand und Kies. Dabei wird es immer sauberer. Schließlich, tief unten, erreicht es eine Schicht, die kein Wasser mehr durchlässt. So sammelt sich das Wasser darüber in Hohlräumen. Dieses Wasser nennen wir Grundwasser.

**Ihr braucht:**

- vier Blumentöpfe mit einem Loch im Boden
- ein großes Einmachglas
- Sand und Kies für die oberen Töpfe, sollte einigermaßen sauber sein
- Aktivkohle (gibt es im Internet oder in der Tierhandlung)
- einen Kaffeefilter
- etwa 1 Liter schmutziges Wasser – wenn ihr keine Pfütze findet, rührt in das Wasser zwei bis drei Esslöffel zerriebene Erde (Lehm oder Dreck) ein. Gut verteilen!

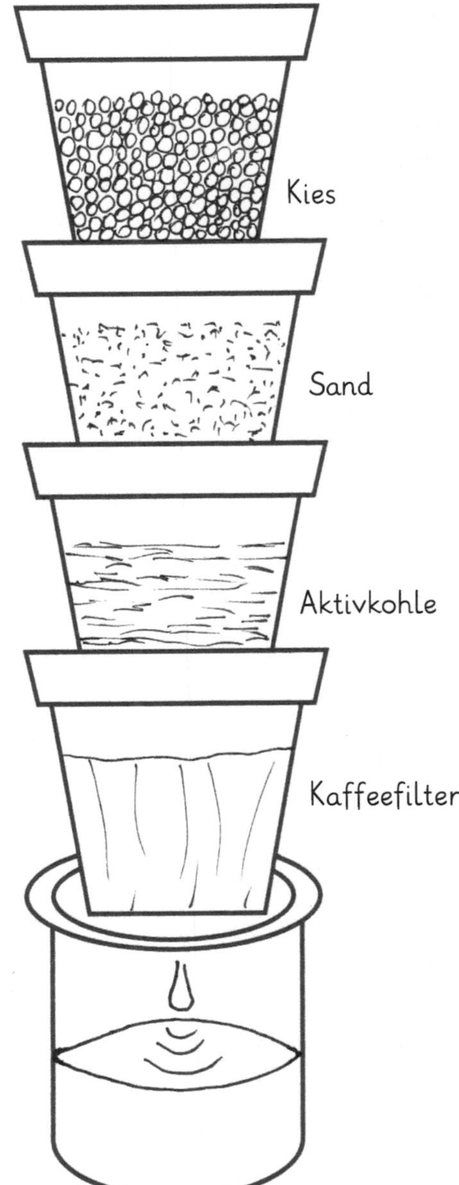


**So geht es:**

- Füllt die drei Blumentöpfe, wie ihr es auf der Zeichnung seht. Die Töpfe sollen nicht ganz voll sein.
- Legt den Kaffeefilter in das vierte Glas und stapelt die Töpfe aufeinander. Setzt sie auf das Einmachglas. Das ist eure fertige Filteranlage!
- Gießt nun langsam das schmutzige Wasser in den obersten Topf.
- Beobachtet, was mit dem Wasser geschieht.
- Zum Schluss untersucht ihr das Wasser in dem Einmachglas. Was stellt ihr fest?

Ihr könnt den Versuch mit den einzelnen Filtern wiederholen: Nur Sand, nur Kies, nur Kohle oder nur der Kaffeefilter. Was findet ihr heraus?

Lernwerkstatt WASSER & ABWASSER Versorgung und Aufbereitung – Bestell-Nr. 11 634

# V. Woher kommt unser Trinkwasser?

PA

**2. Versuch: Wie wird trübes Wasser klar?**

**Ihr braucht:**

- 1 Glas mit Schraubverschluss
- sandige Erde
- Wasser

**Das macht ihr:**

Füllt etwas Erde in das Glas, gießt Wasser darüber und schließt den Deckel. Dann schüttelt das Glas ein wenig und lasst es danach ruhig stehen.

**Beobachtet und zeichnet: Was seht ihr?**

Nach 5 Minuten:

Nach 1 Stunde:

Nach 1 Tag:

**Überlegt gemeinsam:** Warum ist das so?

PA

**3. Versuch: Wie schadet verschmutztes und verunreinigtes Wasser der Umwelt?**

Wie giftig manche Stoffe für die Natur sind, können wir ganz einfach feststellen.

**Ihr braucht:**

- ein paar frische Blumen von der Wiese oder vom Wegrand
- 2 Gläser mit frischem Wasser
- Nagellackentferner oder Fleckentferner

**Ihr braucht:**

- Verteilt die Blumen auf die beiden Gläser mit dem frischen Wasser.
- Kennzeichnet die Gläser.
- Die Lehrerin/der Lehrer gibt in ein Glas Nagellackentferner.
- Beobachtet in den folgenden Stunden und an den nächsten Tagen, was mit den Blumen geschieht.

das Glas enthält nur Wasser →

das Glas enthält Wasser und Nagellack-entferner →

Lernwerkstatt WASSER & ABWASSER
Versorgung und Aufbereitung – Bestell-Nr. 11 634

# VI. Wie kommt das Wasser in den Wasserhahn?

EA

**Aufgabe 1:** *Hier sind so einige Wörter fortgeschwommen. Setze sie passend in den Text ein.*

| Wasserwerk – Wassermenge – frieren – Gebieten – dicker – Straßen<br>Wasserrohre – Wasserzähler – starken – kühl – Wasserspeicher |
|---|

Durch dicke Wasserleitungen – die Hauptleitungen haben einen Durchmesser von bis zu 90 Zentimetern – kommt es zu uns nach Hause.
Die ______________________ sind im Boden mit mindestens einem Meter Erde überdeckt. Damit bleibt das Wasser im Sommer _____________, und im Winter ________________ die Rohre nicht ein.
Damit das Wasser auch wirklich bis zu uns nach Hause kommt, braucht es einen ziemlich _______________ Druck in den Leitungen. Diesen Druck erzeugen große Pumpen im ______________________ .
Dort wird das Wasser in Hochbehälter gepumpt, von denen aus es dann weiter seinen Weg zu uns nach Hause geht. Jedes Haus, das mit Wasser versorgt wird, hat einen__________________, manche Häuser haben auch noch Wohnungswasserzähler. Diese Zähler messen die verbrauchte ______________________ . Sie werden einmal im Jahr abgelesen und dann werden Rechnungen an die Hausbesitzer verschickt. In flachen __________________ fließt das Wasser direkt in die Häuser.
Da der Druck der Pumpen im Wasserwerk aber nicht ausreicht, um alle Höhenlagen zu versorgen, gibt es sogenannte Druckerhöhungsanlagen. Sie pumpen das Wasser in Hochbehälter, das sind riesige ______________________, von denen aus die höher gelegenen Gebiete mit Trinkwasser versorgt werden. Auf dem Weg durch die Stadt gibt es etliche Abzweigungen, da ja alle Stadtteile, ______________ und Häuser mit Wasser versorgt werden müssen. Dabei werden die Rohre immer dünner, weil einzelne Straßen weniger Wasser benötigen als etwa ein Stadtteil. Selbst bei dir zuhause ist das noch so. Schau mal im Keller nach: Das Wasserrohr, das aus der Wand kommt, ist ______________ als die Rohre, die sich etwa unter der Spüle befinden.

# VI. Wie kommt das Wasser in den Wasserhahn?

## Wasserwörter, Puzzle

EA

**Aufgabe 2:**

*Hier findest du eine Reihe zusammengesetzter Hauptwörter (Nomen), die alle das Wort „Wasser" enthalten. Ordne die Buchstaben und schreibe die Worte in dein Heft/in deinen Ordner.*

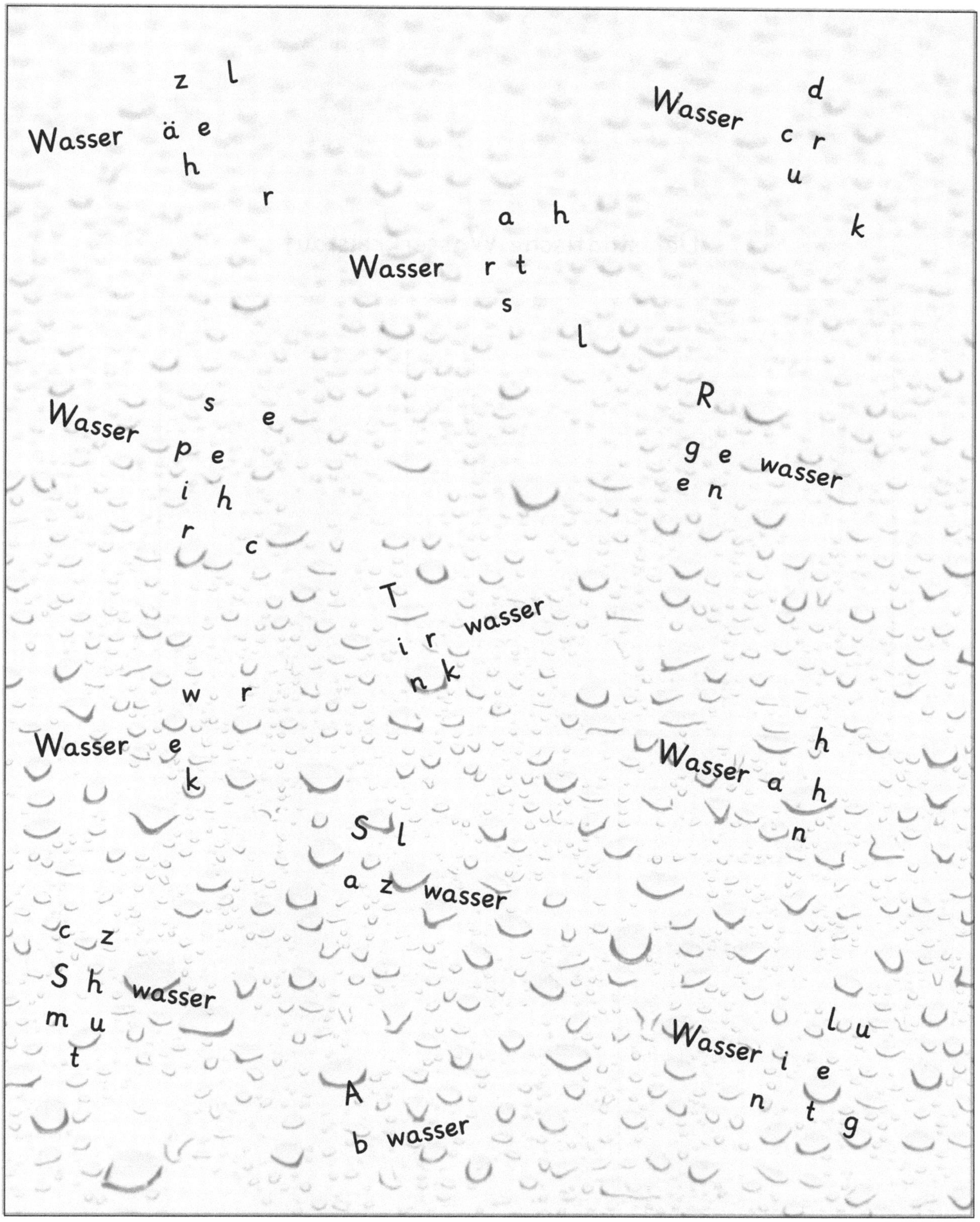

Wasser z l ä e h r

Wasser d c r u k

Wasser a h r t s l

Wasser s e p e i h r c

R g e e n wasser

T i r n k wasser

Wasser w r e k

Wasser h a h n

S l a z wasser

c z S h m u t wasser

Wasser l u i e n t g

A b wasser

Lernwerkstatt WASSER & ABWASSER Versorgung und Aufbereitung – Bestell-Nr. 11 634

KOHL VERLAG

# VI. Wie kommt das Wasser in den Wasserhahn?

EA

**Aufgabe 3:** *Schneide die Kärtchen aus. Ordne sie der Reihe nach und klebe sie quer auf ein Blatt.*

## Der städtische Wasserkreislauf

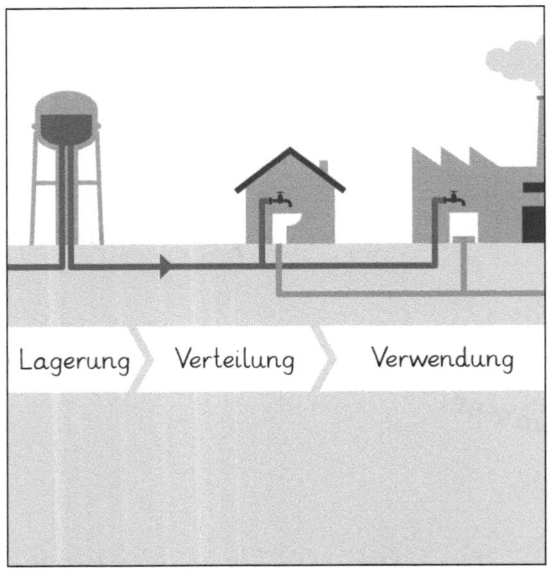


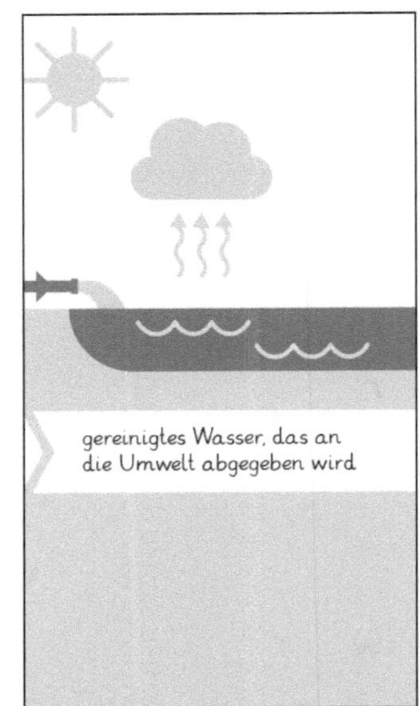


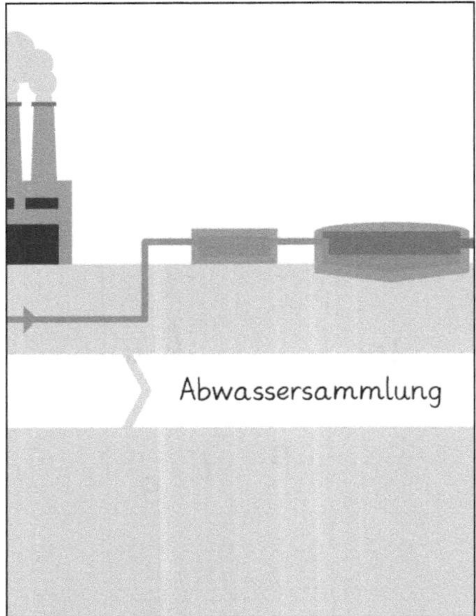


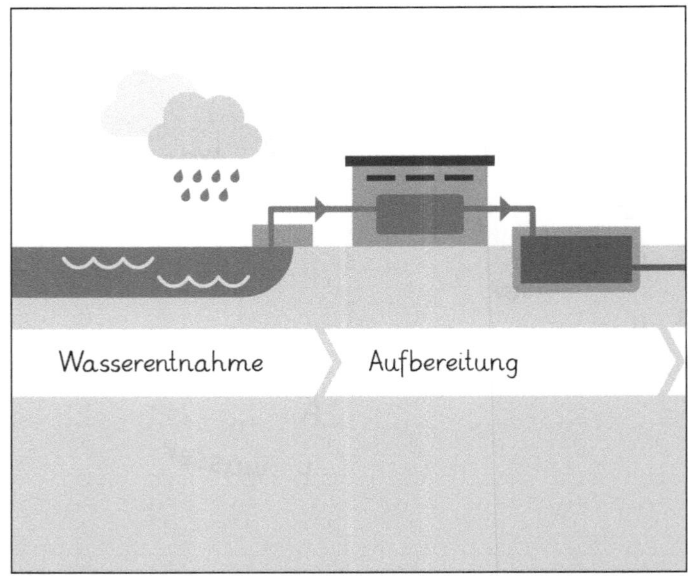


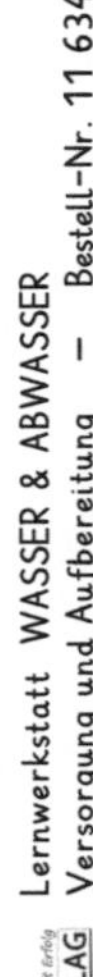


Lernwerkstatt WASSER & ABWASSER
Versorgung und Aufbereitung – Bestell-Nr. 11 634

# VII. Kläranlagen reinigen schmutziges Wasser

Kläranlagen dienen der Reinigung von Abwasser, das durch die Kanalisation dorthin transportiert wird. Zur Reinigung der Abwässer werden mechanische (auch physikalische genannt), biologische und chemische Verfahren eingesetzt. Da diese Vorgänge nacheinander in verschiedenen Stufen stattfinden, nennt man moderne Kläranlagen „dreistufig". Die erste Kläranlage auf dem europäischen Festland wurde 1882 in Frankfurt am Main in Betrieb genommen.

**Das geschieht in der Kläranlage:**

1. Das Schmutzwasser aus den **Fabriken** und aus den **Haushalten** wird durch
2. **Kanäle** zu einer Kläranlage befördert.
3. Dort geht das Abwasser zuerst in den **Rechen**. Dort wird der grobe Schmutz, z. B. Konservendosen, Holz und Flaschen zurückgehalten.
4. Als nächstes geht das Schmutzwasser in den **Sandfang**. Dort wird Sand, Papier und Schmutz durch den Trichter am Boden abgesaugt.

5. Als nächstes geht das Wasser ins **Absetzbecken**. Dort beruhigt sich das Wasser wieder. Das geschieht wie in einer großen Pfütze. Nach einem kräftigen Regen ist das Wasser erst ganz trübe. Wenn sich das Wasser beruhigt hat, sinkt der Schmutz auf den Boden und wird abgesaugt.
6. Dann fließt das Wasser ins **Belüftungsbecken**. Dort sind Bakterien, die den letzten Schmutz auffressen und verdauen. Durch Düsen wird Luft in das Becken geblasen.
7. Als letztes geht das Wasser ins **Nachklärbecken**. Dort beruhigt sich das Wasser wieder und die Rückstände der Bakterien können abgesaugt werden.
8. Nun ist das Wasser sauber genug um wieder in den **Fluss** zu fließen oder erneut ins Wasserwerk zu kommen.
9. Der Schlamm aus dem Absetzbecken und dem Nachklärbecken kommt in den **Faulturm**. Hier wird er abtransportiert zu Kompostherstellung.

KOHL VERLAG Lernwerkstatt WASSER & ABWASSER Versorgung und Aufbereitung – Bestell-Nr. 11 634

# VII. Kläranlagen reinigen schmutziges Wasser

EA

**Aufgabe 1:** *Beschrifte die Kläranlage richtig! Setze die unten stehenden Wörter ein. Zeichne anschließend den Weg des Abwassers blau ein.*

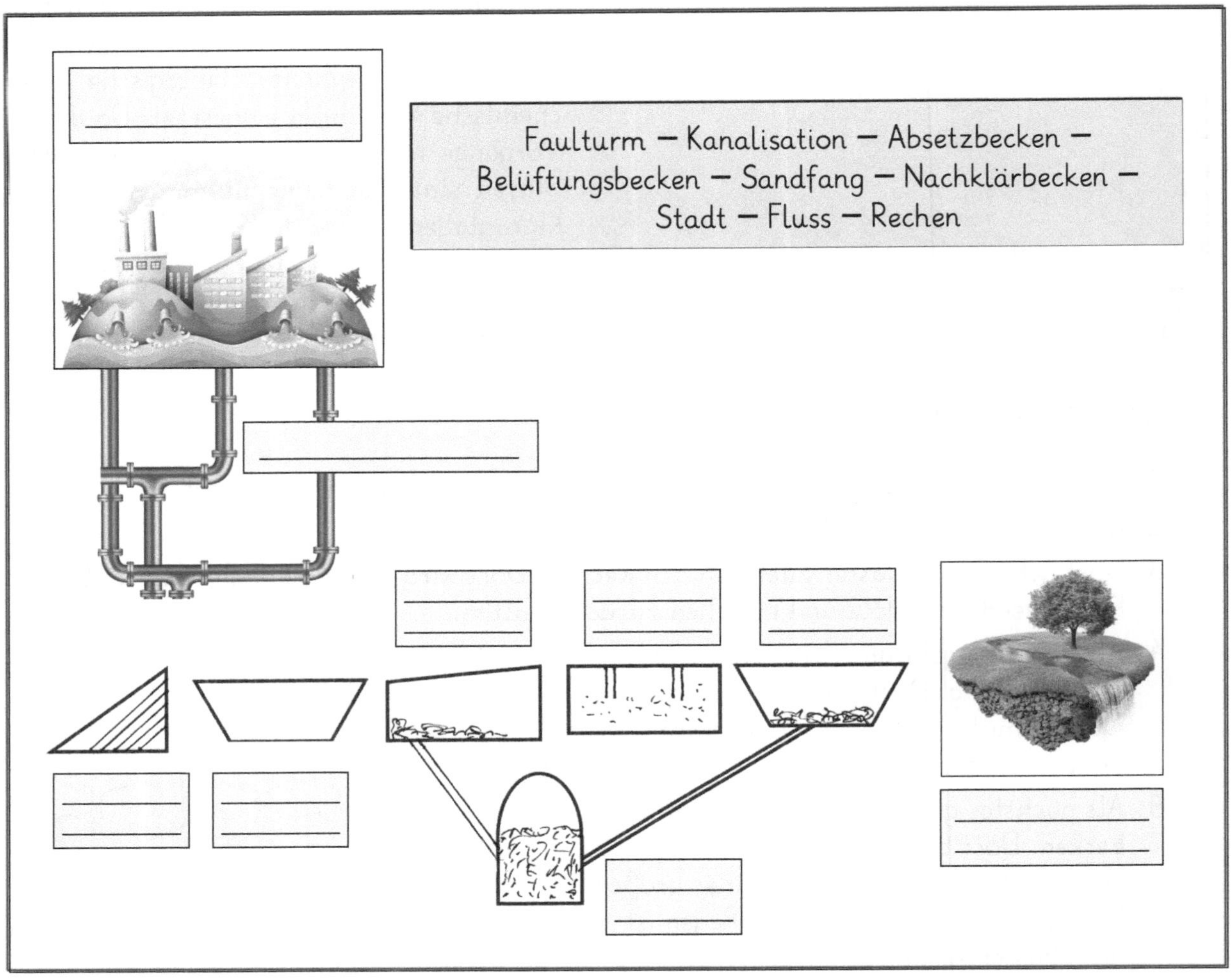

Faulturm – Kanalisation – Absetzbecken – Belüftungsbecken – Sandfang – Nachklärbecken – Stadt – Fluss – Rechen

EA

**Aufgabe 2:** *Erkläre die folgenden Teile der Kläranlage in deinem Heft.*

- Rechen
- Absetzbecken
- Nachklärbecken
- Kanalisation
- Sandfang
- Belüftungsbecken
- Faulturm

Lernwerkstatt WASSER & ABWASSER
Versorgung und Aufbereitung – Bestell-Nr. 11 634

# VII. Kläranlagen reinigen schmutziges Wasser

EA

**Aufgabe 3:** *Schneide die Kärtchen aus. Ordne die Texte der Reihenfolge nach und schreibe die fehlenden Ausdrücke aus der Wortliste an die richtigen Stellen. Erkläre deinem Partner in eigenen Worten, wie ein Klärwerk funktioniert.*

Industrie – Bakterien – Tieren – Nährstoffe – Kanal – Rechen – Kleinteile – Kläranlage – Boden – Nachklärbecken – aufrühren – desinfizieren – Viren

In zwei weiteren Schritten werden dann Sand und Festteile aus dem Wasser gefiltert, bevor es in die großen Becken der biologischen Reinigung geleitet wird. In den Becken leben ______________, die auch in der freien Natur vorkommen. Der Schmutz im Wasser ist voller ________________, die von den Mikroorganismen aufge- fressen werden. Die Bakterien müssen mit Sauerstoff versorgt werden. Dazu dienen Quirle, die das Wasser ________________. (A)

Schmutzwasser entsteht an vielen Stellen. In den Haushalten, zum Beispiel beim Duschen oder Waschen sowie in der ________________ oder Landwirtschaft. Die Abwässer werden in Kanäle oder direkt in den Fluss geleitet. (B)

Das gesäuberte Wasser gelangt durch einen Überlauf wieder zurück in einen Fluss oder Bach. Es ist jetzt wieder so sauber, dass es von Pflanzen und __________ bedenken los genutzt werden kann. Trinkwasserqualität hat es allerdings noch nicht. Dazu müsste man das Wasser noch ________________, um alle________________ und Bakterien abzutöten. (C)

Im ________________ setzt sich der Schlamm, in dem die Bakterien leben, auf dem ____________ des Beckens ab, während das klare Wasser oben bleibt. Über ein großes Rohr wird der Schlamm wieder in die Reinigungsbecken zurückgeleitet. (D)

Das Schmutzwasser vom Duschen und von der Toilette fließt durch Rohre in den Keller und von dort in einen __________ unter der Straße. Dieser Kanal mündet mit vielen anderen Kanälen in einen großen Abwasserkanal, der das Schmutz wasser zur ________________ führt. (E)

In der ersten Station der Kläranlage, dem ______________, wird der gröbste Schmutz herausgefischt. In den Zähnen des Grobrechens, den man sich als riesige Gartenharke vorstellen kann, bleiben größere Gegenstände hängen. Dahinter werden die Zähne des Rechens immer feiner, in denen auch ________________, wie Streichhölzer hängen bleiben. (F)

# VII. Kläranlagen reinigen schmutziges Wasser

EA

**Aufgabe 4:** *Du bist Plubs, der kleine Wassertropfen. Erzähle, wie du vom Waschbecken in Kais Wohnung zur Kläranlage und weiter in den Fluss gelangst.*

EA

**Aufgabe 5:** *In diesem Text finden sich einige falsche Buchstaben. Schreibe sie raus und lies sie. Jetzt erfährst du, wohin das Wasser aus dem Fluss geht, wenn es wieder Trinkwasser werden soll.*

Von deinem Haus aus fließt das WAbwasser durch lange, unterirdische Rohre zur Kläranlage. Dieses Rohsystem nennt man Kanaalisation. In der Kläranlage wird das Wassser gereinigt. Erst dann fließst es als sauberes Wasser wieder in Flüsse, Bäeche oder Seen zurück. Würder das Wasser nicht gerewinigt, wären die Gewässer sehr schnell verschmetzt. Schwere Schärden würden entstehen, die das Leben der Tiere, Pflanzen und Menschen bedrohken.

Lösungswort: ______________________

EA

**Aufgabe 6:** *Wie heißen die einzelnen Teile einer Kläranlage? Setze sie ins Gitter ein. Die ersten Buchstaben sind zur Hilfe vorgegeben. Wenn du die Kästchen mit den Zahlen hintereinander liest, erhältst du etwas Nasses, was wir alle nicht so gerne haben.*

| F | | | | | | 1 | |
|---|---|---|---|---|---|---|---|

| R | 2 | | | | |
|---|---|---|---|---|---|

| S | | | | | 9 | | 3 |
|---|---|---|---|---|---|---|---|

| A | | 6 | | | | | | | | 4 | |
|---|---|---|---|---|---|---|---|---|---|---|---|

| N | | | 8 | | | | 12 | | | | | | 5 |
|---|---|---|---|---|---|---|---|---|---|---|---|---|---|

| B | 11 | | | | | 10 | | | | | | 7 | | | |
|---|---|---|---|---|---|---|---|---|---|---|---|---|---|---|---|

Lösungswort:

| 1 | 2 | 3 | 4 | 5 | 6 | 7 | 8 | 9 | 10 | 11 | 12 |
|---|---|---|---|---|---|---|---|---|---|---|---|
| | | | | | | | | | | | |

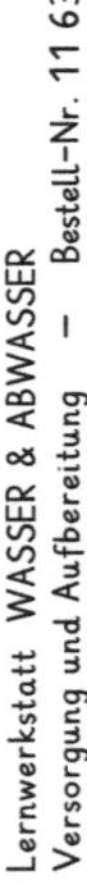
Lernwerkstatt WASSER & ABWASSER
Versorgung und Aufbereitung – Bestell-Nr. 11 634
KOHL VERLAG

# VIII. Das Problem der Wasserverschmutzung

Die ständige Verschmutzung belastet das Trinkwasser. Pflanzenschutzmittel, Dünger und Abwässer schaden nicht nur der Welt um uns herum, sondern auch uns Menschen.
Das Wasser zu verschmutzen, geht recht schnell – es wieder zu reinigen, ist dagegen sehr schwierig und teuer. Deshalb ist es wichtig, unser Trinkwasser zu schützen.
Es gibt eine Reihe von Gesetzen, die den Schutz des Trinkwassers sichern sollen. Sie regeln, wie Chemikalien und Altöle zu entsorgen sind und verbieten giftige Pflanzenschutzmittel, die das Wasser schädigen. Die Überwachung des Grundwassers dient der Prüfung der Qualität und der Ermittlung möglicher Gefahren.
Nicht nur Fabriken und Industrie müssen Regelungen beachten und dürfen giftige Abwässer nicht in Flüsse oder Seen leiten. Auch jeder Einzelne kann viel tun, um unser Trinkwasser zu schützen. Wer mit Haushaltschemikalien sparsam umgeht und Lacke, Öle, Farben und Arzneimittel nicht ins Abwasser schüttet, hat schon einiges getan. Außerdem soll man nicht so viel Reinigungsmittel, Waschpulver und Duschmittel benutzen. Wir sollen keinen Müll in die Seen und Bäche werfen. Schließlich ist jeder auf sauberes Trinkwasser angewiesen.

PA

**Aufgabe 1:** *Findet heraus: Was muss in einem Wasserschutzgebiet (s. Schild oben) beachtet werden?*

EA

**Aufgabe 2:** *Welche Stoffe können das Grundwasser vergiften? Male die richtigen Worte rot an!*

Benzin Öl Abwasser

Müll Laub Farben

Dünger Gülle Tabletten

Erde

Steine Lack

KOHL VERLAG
Lernwerkstatt WASSER & ABWASSER
Versorgung und Aufbereitung – Bestell-Nr. 11 634

# VIII. Das Problem der Wasserverschmutzung

## Das gehört nicht in die Toilette

EA

**Aufgabe 3:** *Es ist ganz einfach, etwas loszuwerden: In die Toilette werfen, kräftig abziehen – und weg ist es! Doch was so einfach aussieht, kann ganz schön Probleme verursachen.*

Unser wertvolles Trinkwasser wird unnötig verschmutzt. Die Kläranlagen haben große Schwierigkeiten, das Wasser wieder zu reinigen. Daher ist es besser, einige Sachen in den Restmüll zu werfen oder sogar zum Sondermüll zu bringen (wie Lacke, aggressive Putzmittel und Chemikalien).

Hier findest du eine Liste mit Dingen, die sich alle schon im Abwasser fanden. Doch was darfst du unbesorgt in die Toilette werfen? Markiere die richtigen Buchstaben und lies sie hintereinander.

| | | |
|---|---|---|
| gebrauchte Papiertaschentücher | I | E |
| Fett aus der Bratpfanne | M | C |
| kleine Plastikverpackungen | A | H |
| Essensreste | N | B |
| Klopapier | R | K |
| Spülwasser | A | E |
| Reste aus der Lackdose | L | U |
| alte Socken | O | C |
| Streu aus dem Hamsterkäfig | R | H |
| altes Geschenkpapier | E | E |
| Ohrenstäbchen | Z | T |
| Wasser vom Malen mit dem Farbkasten | R | I |
| Spülwasser | I | P |
| alte Medikamente | A | N |
| Wasser aus der Blumenvase | K | S |
| Kartoffelschalen | F | W |
| Bleistiftstummel | I | A |
| alte Putzlappen | R | S |
| Shampooreste | S | R |
| Reste vom Butterbrot | N | E |
| Papier vom Schokoriegel | E | R |

# VIII. Das Problem der Wasserverschmutzung

EA

**Aufgabe 4:** *Dieser See hat sich ganz schön verändert. Beschreibe den Unterschied zwischen den beiden Bildern. Was findest du, was bestimmt nicht in einen sauberen See gehört? Und wie fühlt sich wohl der Fisch im unteren Bild? Möchtest du in einem solchen See baden?*

# VIII. Das Problem der Wasserverschmutzung

EA

**Aufgabe 5:** *Nun scheint ja mal jemand aufgeräumt zu haben.*
*Finde im unteren Bild 10 Unterschiede.*

Lernwerkstatt WASSER & ABWASSER
Versorgung und Aufbereitung – Bestell-Nr. 11 634
KOHL VERLAG

# IX. Virtuelles Wasser – was ist das?

Virtuelles Wasser ist unsichtbares, verstecktes Wasser, das du in Nahrungsmitteln oder deiner Kleidung ungefragt mitbenutzt. Dein O-Saft oder deine Jeans erzählen dir nicht, wie viel Wasser bis zur Ernte oder zur Herstellung verbraucht wurde.

Bei uns nutzt jeder etwa 130 l Trinkwasser am Tag, zum Duschen, Baden, zur Toilettenspülung, zum Wäsche waschen, Blumen gießen, zum Spülen oder zum Trinken. Dazu kommen etwa 4000 l virtuelles Wasser, was in der Nahrung, im Auto, im Computer oder der Kleidung steckt.

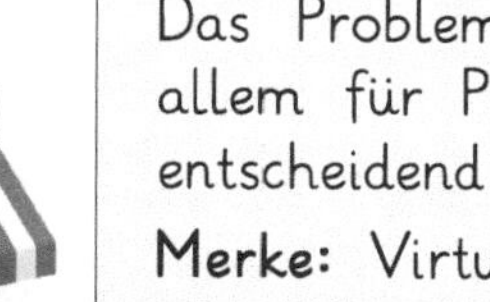


Das Problem des hohen Wasserverbrauchs ist vor allem für Produkte aus Ländern mit Wassermangel entscheidend.

**Merke:** Virtuelles (verstecktes) Wasser gibt an, wie viel Wasser bis zur Ernte, zur Herstellung oder für den Transport eines Produktes notwendig ist. Virtuelles Wasser steckt in jedem Produkt, das wir verwenden oder verbrauchen, da für deren Herstellung immer auch Wasser benötigt wird.

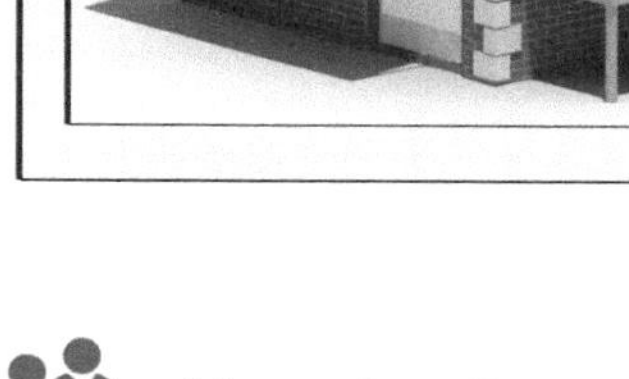

PA

**<u>Versuch</u>: Beispiel Orange**

**Ihr braucht:**

- 1 Orange
- eine Saftpresse
- einen Messbecher (gut ist auch eine Babyflasche, die kann man bei kleineren Mengen genauer ablesen)

**Das macht ihr:**

- Überlegt und schätzt (mit Ansicht des Messzylinders oder der Babyflasche), wie viel Saft in einer Orange steckt.
- Presst die Orange aus und messt den Saft ab.
- Notiert euer Ergebnis
- Wie viel des Saftes besteht aus Wasser?

In dieser Orange stecken noch weitere 30 – 50 l Wasser. Könnt ihr euch vorstellen, wofür sie verbraucht wurden? (Bewässerung – gießen – waschen – Transport)

# IX. Virtuelles Wasser – was ist das?

PA

**Aufgabe 1:** *Ordne die in der Tabelle befindlichen Dinge den Abbildungen zu. Schreibe auch die Wassermengen dazu.*

| Jeans | 10.000 l |
|---|---|
| T-Shirt | 3000 l |
| 100 g Schokolade | 700 l |
| 1 Liter Milch | 1000 l |
| 1 kg Brot | 1300 l |
| Gameboy | 5000 l |
| PC | 20.000 l |
| eine Badeente (Plastik) | 2000 l |
| 1 kg Käse | 5000 l |
| 1 kg Rindfleisch | 16000 l |
| Auto, mittlere Größe | 40.000 l |

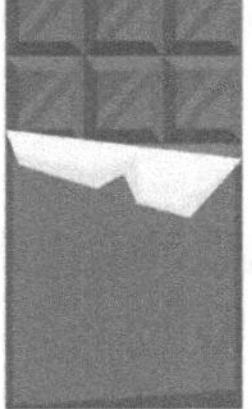

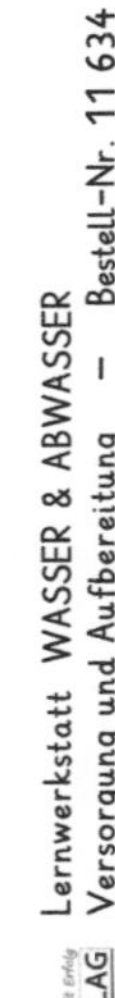
Lernwerkstatt WASSER & ABWASSER
Versorgung und Aufbereitung – Bestell-Nr. 11 634
KOHL VERLAG

# X. Geschichte der Wasserversorgung

### Die ersten Brunnen

Die Nomaden der Steinzeit haben Quellen aufgesucht, um sauberes Trinkwasser zu erhalten oder sie nutzten Bäche, Flüsse und Seen. Als die Menschen zwischen dem 10. und 5. Jahrtausend v. Chr. vom Jäger und Sammler zum Ackerbauern und Viehzüchter wurden, siedelten sie sich dort an, wo sie Wasser fanden. Das bildete die Grundlage für die neue Lebensform. Die Menschen lernten das Wasser zu nutzen. Sie bauten Bewässerungssysteme, Kanäle, Sammelbecken und Dämme für die Landwirtschaft. Sie bauten Brunnen und Schöpfräder für die Trinkwasserversorgung. Vor über 4500 Jahren wurden schon im alten Ägypten tiefe Brunnen gegraben, um an das Grundwasser zu gelangen. Im Iran wurden vor 3.000 Jahren unterirdische Gänge gebaut, die am Gebirgsrand begannen und in Siedlungen endeten. Diese Gänge sind waagerechte Brunnen, die das Grundwasser nur vorsichtig anzapfen. Diese Art der Wassergewinnung heißt Qanat.

### Die ersten Kanäle

In Mesopotamien, dem Land zwischen den Flüssen Euphrat und Tigris, bauten die Menschen schon vor 5.000 Jahren Kanäle, um ihre Felder zu bewässern. In Vorderasien war die so bewässerte Erde sehr fruchtbar. Die Menschen konnten eine reiche Ernte einbringen. Auch in Ägypten baute man schon vor etwa 5.000 Jahren Kanäle, um das Wasser des Nils auf die Äcker zu leiten

### Die erste Kanalisation

Eine Kanalisation ist ein Labyrinth aus Rohren, die Abwasser aus einer Stadt oder einem Dorf hinaus befördern. Ein erstes Kanalsystem ist aus einer Siedlung am Indus im heutigen Pakistan bekannt. Dort baute man vor rund 5.000 Jahren überdeckte Abwasserkanäle.
Auch in Ur, der Hauptstadt Mesopotamiens, legte man vor rund 4.500 Jahren eine geschlossene Kanalisation an.

### Die ersten Aquädukte

Das Wort Aquädukt setzt sich aus den lateinischen Wörtern aqua (= Wasser) und ductus (= Leitung) zusammen, was die Aufgabe der Bauwerke sehr gut bezeichnet: Trinkwasser leiten. Das erste Aquädukt im Römischen Reich entstand vor etwa 2.300 Jahren.

Pont du Gard – ein berühmtes, römisches Aquädukt in Südfrankreich

KOHL VERLAG Lernwerkstatt WASSER & ABWASSER Versorgung und Aufbereitung – Bestell-Nr. 11 634

# X. Geschichte der Wasserversorgung

## Trinkwasserversorgung im Mittelalter

Im Mittelalter versorgten sich die Bauernhöfe selbst aus ihren Brunnen mit dem nötigen Wasser. Doch in vielen Städten wurde die Wasserversorgung bald auch zu einer Aufgabe der Städte und Gemeinden. Man baute Schöpfräder an Flüssen und zahlreiche Brunnen, die das Grundwasser nutzten. Die größte Sorge galt immer einer Verschmutzung des Wassers, z. B. durch tote Tiere oder Abfälle. Das konnte schwere Krankheiten und Seuchen auslösen. So trennte man teilweise die Trinkwasserbrunnen von den Brunnen, die Brauchwasser lieferten und neben denen Schmutzarbeiten verrichtet wurden. Das Wasser musste oft über weite Strecken in Trögen und Eimern zum Wohnhaus getragen werden. Wenn in Trockenzeiten die Brunnen versiegten, zapften die Menschen Quellen an. Das Wasser gelangte durch Röhren aus Holz und später auch aus Blei in die Dörfer und Städte.
In dieser Zeit entstanden viele Burgen auf Bergen und Anhöhen. Die Brunnen dort konnten bis zu 150 Meter Tiefe erreichen, ihr Bau war daher sehr schwierig. Oft war es jedoch unmöglich, durch den felsigen Untergrund einen Brunnen zu bohren. Wenn dann kein Gewässer in der Nähe war, wurden Zisternen als Auffangbecken für das Regenwasser gebaut. Ums Abwasser kümmerte man sich noch nicht. Schmutziges Wasser und der Inhalt von Nachttöpfen (Urin und Kot) wurden einfach auf die Straße gekippt.

PA

**Aufgabe 1:** *Notiert die „Erfindungen" zu den richtigen Jahreszahlen. Lest dazu den Text auf S. 37 noch einmal.*

| vor 5000 Jahren | |
|---|---|
| vor 4500 Jahren | |
| vor 3000 Jahren | |
| vor 2300 Jahren | |

PA

**Aufgabe 2:** *Beschriftet richtig:* Brunnen, Schöpfrad, Zisterne, Quelle

EA

**Aufgabe 3:** *Beantworte die Fragen zum Weg des Wassers früher und heute in deinem Heft.*

a) In welchen Rohren gelangte das Wasser früher von einer Quelle in die Stadt oder ins Dorf?

b) Finde heraus, aus welchem Material die Wasserrohre heute sind: Wie sind sie in deiner Stadt oder deinem Ort?

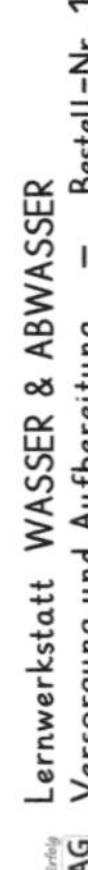

## Deutschlands Wassergeschichte

**Die Geschichte des Trinkwassers in Deutschland**

Bis ins 19. Jahrhundert holten die Menschen das Wasser, das sie täglich brauchten, aus dem nächst gelegenen Brunnen oder aus Flüssen, Bächen und Seen. Um einen Brunnen in der Stadt lagen oft der Marktplatz und das Rathaus. Es war ein beliebter Treffpunkt für die Leute.

In Hamburg wütete 1842 ein Brand, der große Teile der Stadt zerstörte. Beim Wiederaufbau sollte ein englischer Ingenieur eine Trinkwasserversorgung und Abwasserentsorgung für Hamburg planen. Diese Anlage mit ihrem Rohrnetz ist die älteste zentrale Wasserversorgung Europas. Auf Sauberkeit, das heißt, filtern oder desinfizieren des Wassers, verzichtete man damals noch. Das war zu teuer.

Das Abwasser wurde zu Beginn der Wasserversorgung noch wenig beachtet. Es wurde zwar in einigen dicht besiedelten Gebieten durch Kanäle abgeleitet, gelangte aber einfach in Seen, Flüsse oder einfache Abwassergruben. Ende des 19. Jahrhunderts startete man die ersten Klärversuche. Sie bestanden meist aus Absetzanlagen und Filtern, doch die Flüsse und Seen wurden weiterhin stark verschmutzt. Erst in den 1970er Jahren wurden Methoden entwickelt, die eine bessere Klärung des Wassers ermöglichten.

GA

**Aufgabe 4: Rollenspiel „Im Mittelalter am Brunnen"**

a) Könnt ihr euch vorstellen, wie es früher an einem Dorfbrunnen oder Stadtbrunnen zuging? Wer kam zum Wasserholen? Wer war noch auf dem Marktplatz? Was erzählten sich die Leute?

**Beispiele:**
Der Diener von Meister Schulze holte Wasser für die Dame des Hauses. „Sie verbraucht jeden Tag 2 Eimer" klagt er. Auch das Dienstmädchen von der Schneiderin Kunigunde war am Brunnen. Sie wollte unbedingt erfahren, wohin der Knecht vom Weizenbauer verschwunden war. Im Hause des Müllers sollte die Bettwäsche gewaschen werden. Zwei Küchen mädchen schleppten einige Eimer Wasser nach Hause. Dann gab es Ärger. Der hochnäsige Diener vom Stadtrat kam und wollte natürlich als erster Wasser holen.

b) Bildet kleine Gruppen und überlegt, welche Personen noch am Brunnen waren und notiert die Gespräche.

c) Spielt die Szenen nach.

Doch denkt daran: Plastikeimer gab es damals noch n.cht.

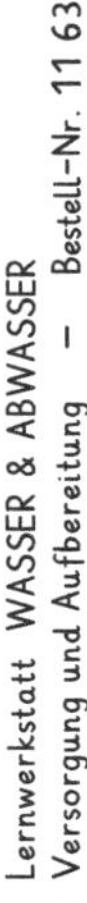

Lernwerkstatt WASSER & ABWASSER
Versorgung und Aufbereitung – Bestell-Nr. 11 634
KOHL VERLAG

## Wassersprichwörter

1. Stille Wasser sind tief.

2. Das ist ein Tropfen auf den heißen Stein.

3. Steter Tropfen höhlt den Stein.

4. Das Wasser steht ihm bis zum Hals.

5. Der Ausflug fällt ins Wasser.

6. Die kochen auch nur mit Wasser.

PA

**Aufgabe 5:**

*Welches Sprichwort hat welche Bedeutung? Verbindet, was zusammen gehört.*

a) Das nützt gar nichts.

b) Er ist schlau und clever.

c) Appetit bekommen, sich auf etwas freuen.

d) Sie fängt immer gleich an zu weinen.

e) Ausdauer führt zum Erfolg.

f) Die können es auch nicht besser.

g) Etwas Neues und Unbekanntes tun.

h) Nach außen hin ruhig, aber innerlich ganz anders.

i) Das hat nicht geklappt.

j) Der Ausflug findet nicht statt.

k) Er ist in großen Schwierigkeiten.

l) Er hat nur das Nötigste zum Leben.

7. Sie hat nahe am Wasser gebaut.

8. Mir läuft das Wasser im Mund zusammen.

9. Er ist mit allen Wassern gewaschen.

10. Das war ein Schlag ins Wasser.

11. Er kann sich gerade über Wasser halten.

12. Ein Sprung ins kalte Wasser.

Lernwerkstatt WASSER & ABWASSER Versorgung und Aufbereitung – Bestell-Nr. 11 634
KOHL VERLAG

# XI. Abschlusstest

Löse die folgenden Aufgaben:

**Aufgabe 1:** *Kreuze an, was richtig ist. Ordne die Buchstaben hinter deinen richtigen Antworten und lies, wie Wasser ist.*

A)

| | | |
|---|---|---|
| a) | Nur etwa 20 % (1/5) der Erde ist mit Wasser bedeckt. | E |
| b) | Fast 2/3 der Erde sind mit Wasser bedeckt. | A |

B)

| | | |
|---|---|---|
| a) | Unser Körper besteht zu 70 % (gut 2/3) aus Wasser. | S |
| b) | Unser Körper besteht zu 30 % (etwa einem Drittel) aus Wasser. | T |

C)

| | | |
|---|---|---|
| a) | Auf der Erde gibt es nur 3 % Süßwasser. | N |
| b) | Dafür gibt es 60 % Salzwasser. | L |

D)

| | | |
|---|---|---|
| a) | Es gibt Salzwasser und Süßwasser. | S |
| b) | Es gibt Sandwasser und Wolkenwasser. | R |

**Aufgabe 2:** *Wie heißen die drei verschiedenen Formen des Wassers? Wo kommen sie vor?*

a) ______________________________

b) ______________________________

c) ______________________________

**Aufgabe 3:** *Nummeriere die Sätze in der richtigen Reihenfolge des Wasserkreislaufs!*

**a)** Durch die Sonne verdunstet überall Wasser, auch im Meer.
**b)** Von dort fließt es in die Bäche und Flüsse und schließlich ins Meer.
**c)** Durch die Kälte werden aus dem Wasserdampf kleine Wassertropfen, die wir als Wolken sehen.
**d)** Wasserdampf steigt hoch in die Luft.
**e)** Schließlich fallen sie als Regen, Schnee oder Hagel wieder auf die Erde.
**f)** Ein Teil des Wassers sammelt sich als Grundwasser in der Erde, einen Teil verbrauchen die Pflanzen, ein weiterer Teil gelangt sofort in die Gewässer.
**g)** Je höher die Wolken steigen, desto schwerer werden die Wassertropfen.
**h)** An einigen Stellen tritt das Grundwasser als Quelle ins Freie.

# XI. Abschlusstest

**Aufgabe 4:** *Setze die Worte „**fließen**", „**verdunsten**" und „**versickern**" an die richtige Stelle:*

Wenn ich Wasser in den Rinnstein gieße, ________________ es weg.

Die Wäsche auf der Leine trocknet, weil das Wasser ________________.

Beim Blumengießen im Garten ________________ das Wasser in der Erde. Die Pfütze auf der Straße wird immer kleiner, weil das Wasser

________________ .

**Aufgabe 5:** *Beantworte die Fragen in deinem Heft.*

a) Wodurch entsteht bei uns zu Hause Abwasser?
b) Was geschieht mit unserem Abwasser?
c) Wie kommt es dorthin?
d) Was machte man früher mit dem Abwasser?

**Aufgabe 6:** *Welche Teile gibt es im Wasserwerk, welche in einer Kläranlage? Schneide die Kärtchen unten aus und klebe sie in die richtige Reihe.*

| Wasserwerk | Kläranlage |
| --- | --- |
| | |

| | | |
| --- | --- | --- |
| Desinfektion | | |
| Sandfang | Labor | Belüftungsbecken |
| Nachklärbecken | Kiesfilter | Rechen |
| Luftzufuhrbecken | Absetzbecken | Aktivkohlefilter |

KOHL VERLAG Lernwerkstatt WASSER & ABWASSER
Versorgung und Aufbereitung – Bestell-Nr. 11 634

# Urkunde
# für

Vorname und Name | Klasse

hat die Prüfung zur

## Wasserfachfrau / zum Wasserfachmann

bestanden.

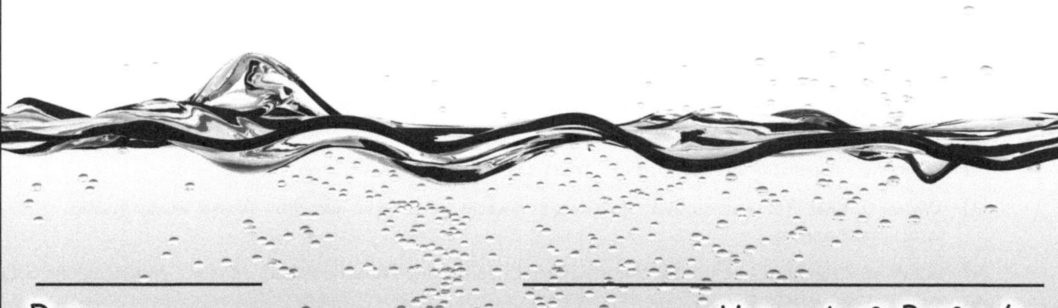

Datum | Unterschrift Prüfer / in

KOHL VERLAG Lernwerkstatt WASSER & ABWASSER Versorgung und Aufbereitung – Bestell-Nr. 11 634

# XII. Lösungsvorschläge

## Kapitel I – Unser Wasserverbrauch

1. **Der Reihe nach:** Zähneputzen, Wäsche waschen, duschen, Toilettenspülung, putzen, spülen, Blumen gießen, Hände waschen, kochen, baden, Auto waschen, trinken

2. 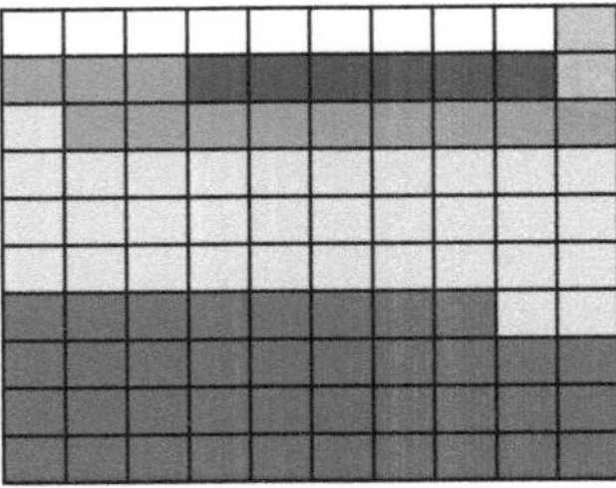

3. **In folgender Reihenfolge:** Wasserhahn, Zähneputzen, Becher, Wasser, Duschen, Baden, Spartaste, Waschmaschine, Regenwasser

4. In Afrika ist der Wassermangel am stärksten. Betroffen sind auch Teile Asiens und Australiens

5. **7 Milliarden:** 7.000.000.000, **770 Millionen:** 770.000.000, **2,6 Milliarden:** 2.600.000.000

6. Ein Entwicklungsland ist wie der Name schon sagt noch in der Entwicklung, es wird sich irgendwann in die Weltwirtschaft eingliedern können. Entwicklungsländer sind noch relativ arm, die Sterberate ist hoch, die Lebensstandards sehr schlecht, sehr hohes Bevölkerungswachstum. Schwellenländer, z. B. Indien, entwickeln sich derzeit schnell. Das Bevölkerungswachstum und die Lebensstandards erreichen langsam Werte, die auch in Industrieländern vorherrschen.

7. Jonas nutzt es zum Trinken, zur Nahrungszubereitung und Toilettenspülung, zum Duschen und Baden, zum Wäsche waschen

8. **a) + b):** Fahim verbraucht pro Tag einen Kanister zum Trinken und sich zu waschen, zur Nahrungszubereitung.

   **c):** Fahim würde mit 20 Kanistern 20 Tage lang auskommen.

## Kapitel II – Wasser ist lebenswichtig

1. Möhren, Orangen, Weintrauben, fast alles Obst besteht zum größten Teil aus Wasser.

2. **In folgender Reihenfolge:** Calcium, Sulfat, Natrium, Kalium, Chlorid, Magnesium, Fluorid, Zink, Hydrogencarbonat, Eisen, Silizium

## Kapitel III – Eigenschaften des Wassers

1. a) Den größten Teil des Süßwassers finden wir in Gletschern und Eisbergen.

   b) Wasser kann auch flüssig oder gasförmig sein.

   c) Wenn die Temperatur unter 0 °C sinkt, friert das Wasser zu Eis. Bei etwa 100 °C verdampft es.

   d) Wasser in einer Pfütze verdunstet, ohne dass es gekocht wird. Wenn gekochtes Wasser wieder flüssig wird, kondensiert es.

   e) Die Wassertröpfchen, die aus dem Meer aufsteigen und in den Wasserkreislauf gelangen, enthalten kein Salz.

Lernwerkstatt WASSER & ABWASSER
Versorgung und Aufbereitung – Bestell-Nr. 11 634

2.

| | | | | | | | | | | | | | | |
|---|---|---|---|---|---|---|---|---|---|---|---|---|---|---|
| D | O | U | E | G | L | E | T | S | C | H | E | R | O | V |
| S | R | K | O | N | D | E | N | S | I | E | R | E | N | E |
| A | F | I | K | L | A | M | U | P | F | I | L | T | E | R |
| L | E | I | T | U | N | G | S | W | A | S | S | E | R | D |
| Z | E | V | E | R | T | E | I | A | H | B | A | H | A | U |
| W | T | H | N | K | O | P | S | S | R | E | M | A | G | N |
| A | F | S | A | B | N | I | E | S | I | R | O | P | U | S |
| S | Ü | S | S | W | A | S | S | E | R | G | D | R | E | T |
| S | E | E | L | A | N | G | E | R | G | E | I | K | N | E |
| E | R | E | I | K | V | E | R | D | A | M | P | F | E | N |
| R | T | E | R | R | I | E | S | A | P | Y | X | L | B | R |
| B | E | D | U | R | S | T | E | M | E | E | R | A | E | E |
| O | L | L | O | P | T | R | O | P | F | E | N | A | L | H |
| A | B | A | D | E | N | E | I | F | L | U | S | S | T | O |

3. Das Wasser gefriert, es dehnt sich aus, die Flasche platzt.

## Kapitel IV Der Wasserkreislauf

1. Die gelösten Teilchen und somit auch das Salz bleiben im Meer zurück.

2.

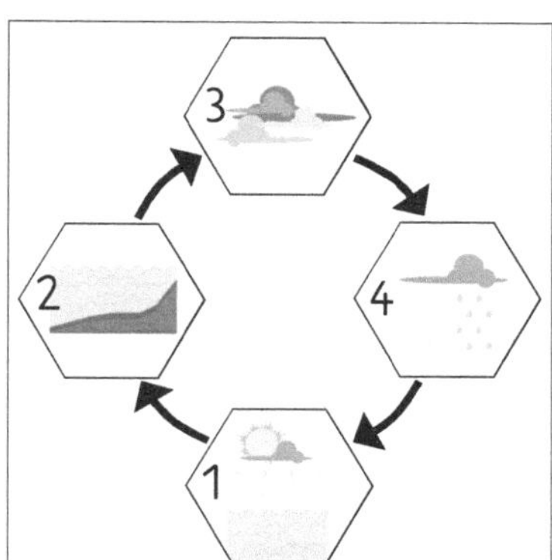


3. Im Uhrzeigersinn: 6 Uhr : Sonne (vorgegeben), 9 Uhr: Wasserdampf steigt auf, 12 Uhr: Wolken bilden sich, 15 Uhr: es regnet

## Kapitel V Woher kommt unser Trinkwasser?

1.
1 - Staumauer – grau
2 - Grundablassleitung – blau
3 - Reserveraum – rot
4 - Betriebsraum – grün
5 - Hochwasserrückhalteraum – orange
6 - Kontrollgänge – türkis
7 - Entnahmetürme – braun
8 - Wasserwerk – lila

2.

| | | | | | |
|---|---|---|---|---|---|
| 1 | Wasseraufbereitung | 2 | Filter | 3 | Desinfektion |
| 4 | Trinkwasserbecken | 5 | Labor | 6 | Pumpen |

3.

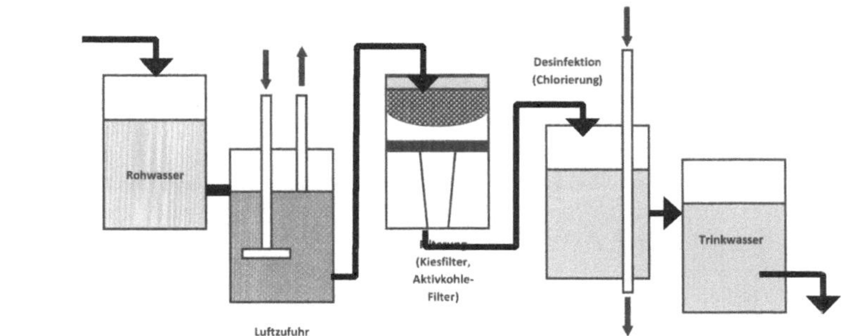



Lernwerkstatt WASSER & ABWASSER Versorgung und Aufbereitung – Bestell-Nr. 11 634
KOHL VERLAG

# XII. Lösungsvorschläge

## Kapitel VI Wie kommt das Wasser in den Wasserhahn?

1. **Der Reihe nach:** Die Wörter der Reihe nach: Wasserrohre, kühl, frieren, starken, Wasserwerk, Wasserzähler, Wassermenge, Gebieten, Wasserspeicher, Straßen, dicker

2. **Wasserwörter:** Wasserzähler, Wasserdruck, Wasserstrahl, Regenwasser, Wasserspeicher, Trinkwasser, Wasserwerk, Wasserhahn, Schmutzwasser, Salzwasser, Abwasser, Wasserleitung

3.

Wasserentnahme – Aufbereitung – Lagerung – Verteilung – Verwendung – Abwassersammlung – gereinigtes Wasser das an die Umwelt abgegeben wird

## Kapitel VII Kläranlagen reinigen schmutziges Wasser

1.

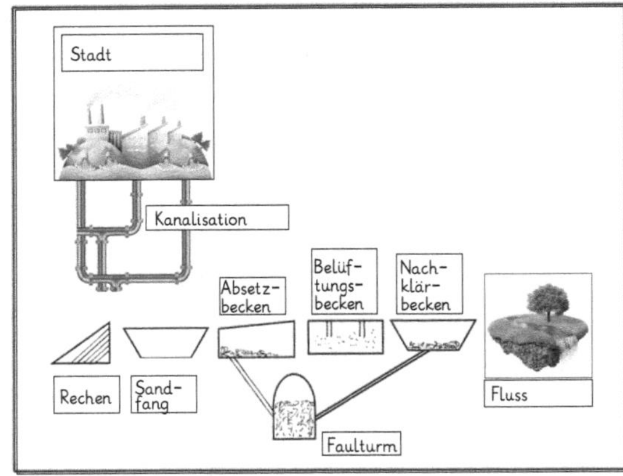


2. **Rechen:** Er ist wie eine ganz große Harke. Hier wird der grobe Schmutz zurückgehalten.

**Absetzbecken – Grobentschlammung:**

Hier wird der Schmutz, der sich am Boden abgesetzt hat, absaugt.

**Nachklärbecken:**

Das gereinigte Abwasser trennt sich hier vom Schlamm mit den Kleinstlebewesen. Das gereinigte Abwasser fließt nun wieder in Flüsse und geht in unseren Wasserkreislauf. Der Schlamm mit den Bakterien (Kleinstlebewesen) wird abgepumpt.

**Schlamm:**

Der Schlamm aus dem Faulturm wird entwässert, danach wird er zu einer Kompostierungsanlage gebracht.

**Kanalisation:**

Rohrleitungen, in den das verschmutze Wasser zur Kläranlage fließt.

**Sandfang:**

Becken, in den der Sand absinkt und dann vom Boden entfernt wird.

**Belüftungsbecken:**

In diesem Becken wird das verschmutzte Abwasser von den Kleinstlebewesen (Bakterien) gereinigt.

**Faulturm:**

In diesem Behälter wird der Schlamm gesammelt. Die entstehenden Gase werden zur Energiegewinnung genutzt.

3. **Die richtige Reihenfolge ist:** B; E; F; A; D; C

Wörter einsetzen: **A:** Bakterien, Nährstoffe, aufrühren; **B:** Industrie; **C:** Tieren, desinfizieren, Viren, **D:** Nachklärbecken, Boden; **E:** Kanal, Kläranlage; **F:** Rechen, Kleinteile

# XII. Lösungsvorschläge

4. eigene Antworten

5. **So lautet der Text richtig:** Von deinem Haus aus fließt das Abwasser durch lange, unterirdische Rohre zu Kläranlage. Dieses Rohsystem nennt man Kanalisation. In der Kläranlage wird das Wasser gereinigt. Erst dann fließt es als sauberes Wasser wieder in Flüsse, Bäche oder Seen zurück. Würde das Wasser nicht gereinigt, wären die Gewässer sehr schnell verschmutzt. Schwere Schäden würden entstehen, die das Leben der Tiere, Pflanzen und Menschen bedrohen. Lösungswort: Wasserwerk

6.

| | | | | | | | | | | | | | | | |
|---|---|---|---|---|---|---|---|---|---|---|---|---|---|---|---|
| F | a | u | l | t | u | r[1] | m | | | | | | | | |
| R | e[2] | c | h | e | n | | | | | | | | | | |
| S | a | n | d | f | a[9] | n | g[3] | | | | | | | | |
| A | b | s[6] | e | t | z | b | e | c | k | e[4] | n | | | | |
| N | a | c | h[8] | k | l | ä | r[12] | b | e | c | k | e | n[5] | | |
| B | e[11] | l | ü | f | t | u[10] | n | g | s | b | e | c[7] | k | e | n |

**Lösungswort:** Regenschauer

## Kapitel VII Kläranlagen reinigen schmutziges Wasser

1. Grundwasser ist kostbar. Schadstoffbelastungen lassen sich, wenn überhaupt, nur mit einem gewaltigen Aufwand beseitigen. In Deutschland werden rund 62 % des Trinkwassers aus dem Grundwasser gewonnen. Daher ist die Festsetzung von Wasserschutzgebieten wichtig. Die Einzugsgebiete von Wasserwerken (und Trinkwassertalsperren) müssen besonders geschützt werden. Zu diesem Zweck werden Wasserschutzgebiete durch Verordnungen festgesetzt. Sie sind in mehrere Zonen untergliedert und – je nach der Entfernung von der Quelle oder dem Brunnen – mit unterschiedlich strengen Vorschriften ausgestattet. Dabei geht es um Nutzungseinschränkungen z. B. für die Bebauung, die landwirtschaftliche Bewirtschaftung oder auch Gefahrguttransporte.

2. **Rot angemalt werden müssen:** Benzin, Öl, Müll, Farben, Dünger, Tabletten, Lack, Gülle

3.

| | | |
|---|---|---|
| gebrauchte Papiertaschentücher | I | |
| Fett aus der Bratpfanne | | C |
| kleine Plastikverpackungen | | H |
| Essensreste | | B |
| Klopapier | R | |
| Spülwasser | A | |
| Reste aus der Lackdose | | U |
| alte Socken | | C |
| Streu aus dem Hamsterkäfig | | H |
| altes Geschenkpapier | | E |
| Ohrenstäbchen | | T |
| Wasser vom Malen mit dem Farbkasten | R | |
| Spülwasser | I | |
| alte Medikamente | | N |
| Wasser aus der Blumenvase | K | |
| Kartoffelschalen | | W |
| Bleistiftstummel | | A |
| alte Putzlappen | | S |
| Shampooreste | S | |
| Reste vom Butterbrot | | E |
| Papier vom Schokoriegel | | R |

**Lösungssatz:**
Ich brauche Trinkwasser

4. **Was nicht in einen sauberen See gehört:** Autoreifen, Bretter, Flaschen, Kanister

Der Fisch unten schnappt nach Luft, weil das Wasser des Sees total verschmutz ist und kaum noch Sauerstoff enthält.

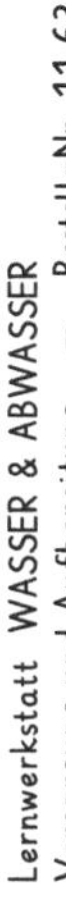


KOHL VERLAG

# XII. Lösungsvorschläge

5.

## Kapitel IX — Virtuelles Wasser – was ist das?

1.

| Jeans | 10.000 l |
|---|---|
| T-Shirt | 3000 l |
| 100 g Schokolade | 700 l |
| 1 Liter Milch | 1000 l |
| 1 kg Brot | 1300 l |
| Gameboy | 5000 l |

| PC | 20.000 l |
|---|---|
| eine Badeente (Plastik) | 2000 l |
| 1 kg Käse | 5000 l |
| 1 kg Rindfleisch | 16.000 l |
| Auto, mittlere Größe | 40.000 l |

## Kapitel X — Geschichte der Wasserversorgung

1.

| vor 5000 Jahren | Kanäle in Ägypten und Mesopotamien, Abwasserkanäle im heutigen Pakistan |
|---|---|
| vor 4500 Jahren | tiefe Brunnen in Ägypten und in Ur (Mesopotamien) |
| vor 3000 Jahren | Qanat Wasserversorgung im Iran |
| vor 2300 Jahren | im römischen Reich Wasserleitungen |

2. **Von links nach rechts:** Schöpfrad, Zisterne, Quelle, Brunnen
3. Früher gab es Rohre aus Holz und Blei.
4. Individuelle Lösungen
5. **Zusasmmen gehören:** 1 h, 2 a, 3 e, 4 k, 5 j, 6 f, 7 d, 8 c, 9 b, 10 i, 11 l, 12 g

## Kapitel XI — Abschlusstest

1. **Richtig ist:** A – b, B – a, C – a, D – a → **Lösungswort:** nass
2. a) fest – Eis (Gletscher, Eisberge), flüssig – Wasser (Füsse, Meere), gasförmig – Wasserdampf (beim Kochen)
3. **Die richtige Reihenfolge ist:** a, d, c, g, e, f, b, h
4. **Der Reihe nach eingesetzt:** fließt, verdunstet, versickert, verdunstet
5. a) Durch Waschen, Spülen, Putzen, Duschen, die Toilettenspülung, Händewaschen ...
   b) Das Abwasser fließt durch die Kanäle zur Kläranlage.
   c) Durch ein riesiges Rohrsystem, die Kanalisation, gelangt das schmutzige Wasser zur Kläranlage.
   d) Früher wurde Abwasser einfach auf die Straße gekippt.
6. **Zum Wasserwerk gehören:** Luftzufuhrbecken, Aktivkohlefilter, Kiesfilter, Desinfektion, Labor

   **Zur Kläranlage gehören:** Rechen, Sandfang, Absetzbecken, Belüftungsbecken, Nachklärbecken

Lernwerkstatt WASSER & ABWASSER Versorgung und Aufbereitung – Bestell-Nr. 11 634
KOHL VERLAG